新装版

ビジネス書の著者になっていきなり年収を3倍にする方法

松尾昭仁

自由国民社

防衛大式
最強の仕事
「沖縄移住」で
ワクワク楽園生活！
「数学的センス」
成功のポジショニング
読むだけでTOEICテストのスコアが200点上がる本
筆談で覚える中国語
見える化すればお金は増える！
がんばらない子育て
腰痛を治す教科書
相続コンサル
セミナー講師になって稼ぐ法
起業して食える人食えない人
うまくいく人は何が違うのか？
出版の教科書
あの80万円の高額講座が本になった！
コンサルタントにいきなり650万円稼ぐ法
丸くおさめる交渉術
サイエンス・スピリチュアルの教科書
高家賃でも
5億円の資産を築いたサラリーマン大家さんがノウハウを公開
トヨタ式
超
ラク家
引寄せ営業の法則
お金持ちは一始めている
「軍用地投資」入門
掟破りの不動産投資法
もう、「あの人」のことで悩むのはやめる
たったこれだけで、「しんどい」が消えた！
おうち片

はじめに

「バカとブスこそ東大に行け！」

これは２０２１年春、ＴＢＳテレビで大ヒットしたドラマ「ドラゴン桜」の決め台詞です。

この言葉には、学校や社会で弱者だったり、美人やイケメンでなく、容姿に自信がない高校生に「これから先の人生も、ずっとこのままでいいのか？」「東大に合格してプラチナチケットを手に入れろ、人生を変えろ！」というメッセージが込められていました。

そして私は本書の中でビジネスパーソンに「人生を大きく変えたかったら、収入を劇的に上げたかったら、本を出せ。出版はプラチナチケットだ！」と伝えていきます。

「え、出版⁉　なにをいっているの。そんなことできるわけがない」と思っているあなた。「出版すると、なんで収入が劇的にあがるのか？」と疑問を持ったあなた、その答えは、本の中に詳しく書いてあります。

こんにちは。
出版スクール（ビジネス・実用書著者養成講座）を運営し講師を務めているネクストサービス代表、出版プロデューサーの松尾昭仁です。

私はこの講座で３００人以上にアドバイスと指導をおこない、彼ら彼女達をビジネス書の著者として出版業界に送り込んできました。

そんな皆さんは出版した後、劇的にビジネスと人生を変えています。

具体的に説明すると、年収が3倍以上あがり、マスメディアでも大きく取り上げられ、「著者の先生」として北は北海道から南は沖縄県まで、様々なところで講演やセミナーの講師として壇上にあがり、眩いばかりのスポットライトを浴びています。

また、私自身も25冊（本書を含めると26冊）の著者であり、やはり本を出したことで出版前には予想もつかなかった経済的な自由を手に入れて、毎日、充実した人生を送っています。

本書では、
・著者の私自身がどうやって出版に至ったのか？
・私は出版して人生が、年収がどう変化したのか？
・なぜ、出版はビジネスの投資といえるのか？
・無名なあなたも必ず出版できる理由
・出版までの具体的なプロセス
・出版とビジネスのつなげ方、稼ぎ方
・出版してお金持ちになった8人の実話
などについて、包み隠さず詳細に書いていきます。

さて、この本の内容を補足するため、YouTubeチャンネルを開設しました。
私が講師をしている「出版実現セミナー」を毎回1分～5分程度で切り抜いた動画で

す。YouTubeで「松尾昭仁」と検索して下さい。

では、私と一緒に『ビジネス書の著者になっていきなり年収を3倍にする方法』の扉を開けましょう！

目次

2章 実は無名な人でも出版はできる

3章 あなただけの出版テーマの探し方

4章

出版のキモ！　企画書の書き方

5章 出版の近道、回り道

6章 〜実録〜 私達はこうやって出版して、お金持ちになった

1
章

なぜ出版が投資といえるのか？
本を出すメリット

- 本を出すと、書店、書籍販売サイト、電子書籍ストア、マスメディアに情報が行きわたる
- ウェブ上にあなたの情報がたくさん掲載されるため、検索にひっかかりやすくなる
- 出版していると「専門家」として認知される
- 著者の友人が多くなり、自分のステージがあがる

出版は最高の投資！

ビジネスには投資がつきものです。士業の方なら、資格取得のために専門学校などに数十万円～数百万円の投資をしているでしょう。

コンサルタントのようなノウハウを教える仕事なら、インプットするためにかなりのお金と時間を使ってきたことでしょう。

お金がかからないといわれるひとりビジネスの起業でも、ホームページ代、ドメイン代、サーバー代、パソコン代などの投資は必要です。

事務所を借りているなら、数十万円～数百万円の入居費用と、毎月の家賃を払っているでしょう。また、ビジネスの規模を拡大したいなら、広告費という投資はかかせません。1000万円の売上を上げたいなら、その1割の100万円くらいの広告費をかけるのは一般的です。この本を読んでいるあなたなら、これらのように様々な投資をしてきたと思います。

それら全ての投資の目的は、たった1つです。

稼ぐため。このことに尽きます。

では、お金を稼ぐためには、何が必要でしょう？ 商品力？ サービス内容？

それよりも大事なのは、認知度、信頼度です。

いくら素晴らしい商品やサービスでも、知られなければ存在しないのと一緒です。

では、認知度アップ、信頼度アップを獲得するための、最も効率の良い投資は何だと思いますか？

答えは、出版です。

ビジネスを発展させるなら、本を出版することほど効果的で、効率の良い投資はありません。

きっと出版した人なら、全員が同意してくれるはずです。

商業出版は投資効率が最高

あなたは、ビジネスの認知度、信頼度を上げるために、今、どんなことをしていますか？ 例えば、ホームページのアクセスを上げようと思ったら、次のような労力が必要です。

業界にもよりますが、ホームページに紐付けしたブログに、1記事5000文字以上の記事を、1000記事以上載せる必要があるといわれます。

大企業なら簡単にできるでしょう。

ブログをプロのライターに外注するからです。

1記事1万円だとしたら、1000記事で1000万円の投資です。それでも大企業なら資金力があるので、投資ができます。

しかし、中小企業や個人事業主、スタートアップ企業では、それだけのお金をかけることができません。ですから自分達で書くことになります。

ですが、自分達で1000記事なんて書けるはずがありません。

では、「チラシやネット広告をしよう」といって、何十万円、何百万円をかけても、効果は保証されません。

もし売上があがっても、効果的な広告にはすぐに競合他社も乗り込んできます。だから、何年も同じような売上は続かないのです。

しかし、出版は違います。とても劇的な効果を生み出します。

著者というブランドの信頼度は抜群です。

なぜなら、「**本は特別な人が書くものだ**」と思っている人がほとんどだからです。

本はすごい人が書くものだと、世間的には考えられています。

そして、全国の書店やAmazonなどの書籍販売サイトに本が並んだり、掲載されたりすることで、読者が著者であるあなたのことを知る機会が生まれます。

今はほとんどの出版社が紙の本と合わせて電子書籍もつくってくれます。ですから電子書籍販売サイトにもあなたの本が掲載されるでしょう。

また、マスメディアも日々情報を追っていかなくてはならないため、あなたが出した本を通して取材をしてくる

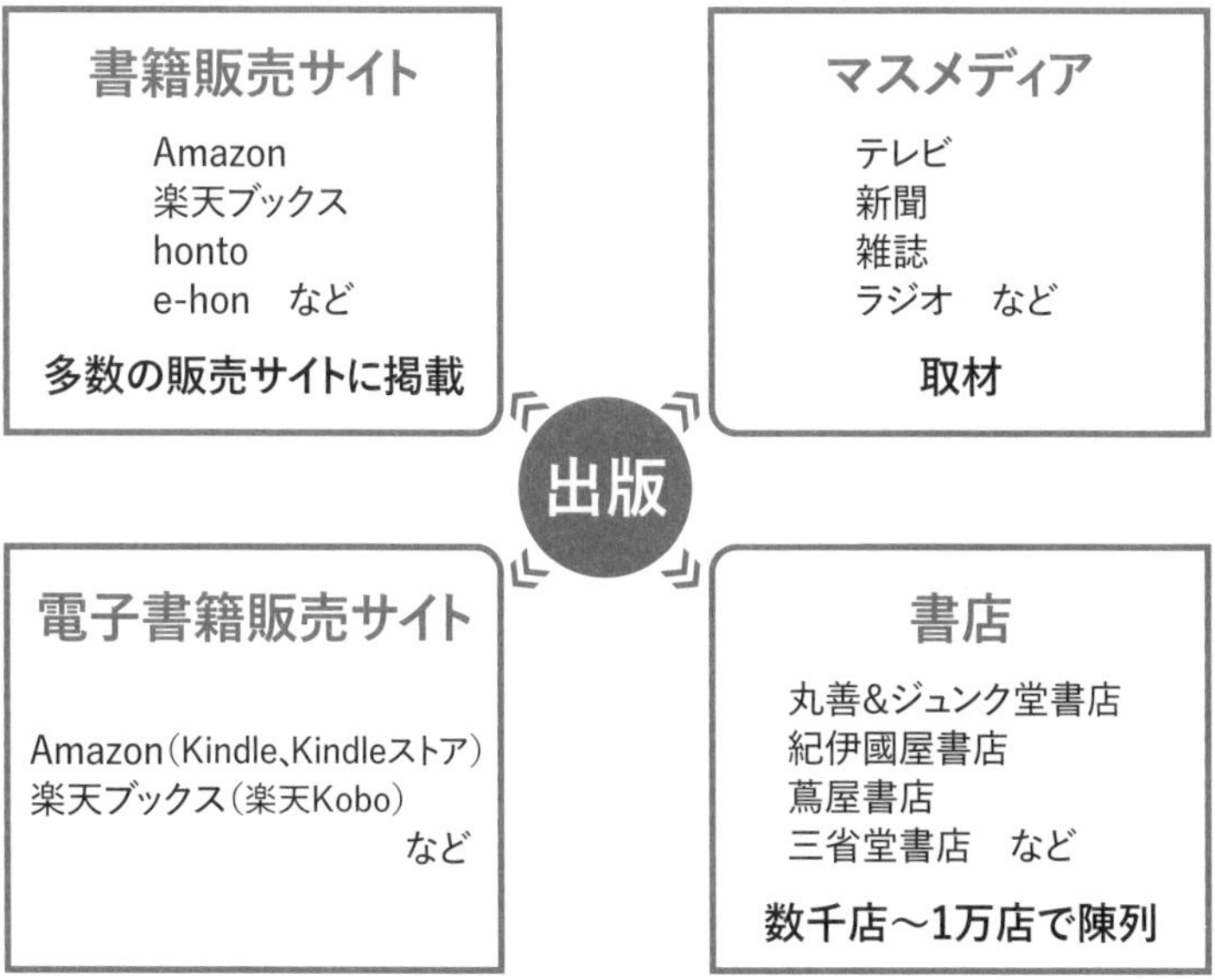

こともあります。また、あなたが出版した際に出版社がプレスリリースを出したら、それを見つけて、取材されることもあるでしょう。

このように、出版することで、自分の価値を最大限に高めることができます。

こう考えると、著者になることほど、効果的なブランディング戦略はないのではないでしょうか？

広告費を１００万円使うなら、出版に投資する方が何倍も費用対効果が高いことを、出版業界以外の方は知りません。

この本に出会えたあなたは、本当にラッキーです。

出版が、どれほどすごい利回りの投資なのかを、この本で知っていただければうれしく思います。

本は名刺であり、最高のパンフレット

本１冊に必要な文字数は、８万字～10万字といいます。

ブログなら、５０００字の記事を20記事くらいで10万字です。

ブログで20ページ書いたところで、ビジネスに大きな発展はないでしょう。
しかし、同じ内容で、同じ分量の文章でも、書籍化した途端に天と地の差が生まれます。

私の友人が本を出した時に、「君の名前でネット検索したら2万件以上も検索結果が出たよ。すごい有名人なんだね！」と電話がかかってきたそうです。

商業出版をすると、Amazon、楽天、ヤフーなど、たくさんの書籍販売サイトが、著者の名前を毎日宣伝してくれるような状態になります。

検索ページの最上位に、Amazonなどの書籍販売サイトがあなたの名前で広告も出します。

私のように20冊以上出版すると、書籍関連の検索だけでも数万件ヒットするのは当然です。

本を出版していない人だと、名前を検索しても、数サイト〜数十サイトあれば良い方でしょう。

検索すると、数件の人と、数千件ヒットする人のどちらがビジネスパートナーに選ばれるのか？　これは、とても明白です。この時点で、出版したあなたと競合他社・他者とでは、雲泥の差が生まれるわけです。

講師業でも著者と本を出版していない人を比べたら、セミナーに講師として呼ばれる確率が何倍も変わります。

私のようなコンサルタントだと、本を読んでホームページにアクセスしてくれた方からの受注率はとても高くなります。

もちろん、交流会などで会った初対面の相手にも、著者というブランディングの影響はとても大きいです。

本の書影を載せた名刺を渡すだけで、相手の接し方が変わります。

著者によっては、名刺代わりに本をプレゼントしたりしています。

彼らによると、無料で配っても、その本を読んだ人が、後日、サービスの申し込みをしてくれることが多いからだそうです。

そうだとすると、**本は、効果的な名刺であり、最高のパンフレットといえるでしょう。**

マスメディアは著者を探している

雑誌の取材や、テレビやラジオの出演などの機会が多いのも、著者の特権です。

雑誌の編集者や、テレビやラジオのプロデューサーやディレクターは、日々の記事のネタや情報を本から探しています。

私が今までに出演したテレビ、ラジオ、雑誌は、全て担当者が私の本を見つけて依頼してくれました。

出版していなかったら、それらのメディアに取り上げられることはなかったでしょう。


もし自費で雑誌やテレビ、ラジオに広告をだすとしたら、何百万円もかかります。

しかし著者になると、原稿料をもらって記事を書かせてもらえたり、テレビ・ラジオに交通費や出演料をいただいて出演させてもらえたりします。

テレビなどの文化人枠は、ほとんど著者で占められています。

「商業出版した著者は、しっかりしたノウハウを持っているだろう」

この信頼は、出版社への信頼ともいえます。

出版社が選んだくらいの著者だから、当然すごい経歴や能力の持ち主だろうと考えるのです。しかし、第2章で詳しく書きますが、実際はそうでない人も著者の中にはいます。

もちろん、著者にも偉大な人はたくさんいます。

孫正義、稲盛和夫、松下幸之助など、名経営者の本は、大ベストセラーになっています。

しかし、経営理念や哲学はこういった方々の本から学べることは多いのかもしれませんが、細かな使えるノウハウを学ぶということを考えるといかがでしょうか？

大会社の名経営者のように何千億円、何兆円の売上高を稼ぐためのノウハウを必要としているビジネスパーソンは実際少ないはずです。

だいたいは、数百万円～数千万円程度の売上高や収入を稼ぐノウハウで充分な人の方が多いのです。

私のヒット作の中にこんな本があります。

『コンサルタントになっていきなり年収650万円を稼ぐ法』（集英社）。

もし、年収650万円ではなく、『年収100億円を稼ぐ法』だとしたら、ほとんど売れなかったでしょう。

年収100億円を目指している人はとても少ないですが、年収650万円を目指している人は意外にたくさんいるのです。

商業出版と自費出版との違い

出版にはいろいろな方法があります。違いを知っておきましょう。

▼商業出版

一般的な出版といえば、商業出版をさします。

出版するためには、編集、校正、印刷、書店への流通などの費用がかかります。それらの費用を、出版社が全て負担するのが商業出版です。

編集者が、著者を探して執筆依頼をする場合がほとんどです。

著者に支払われる印税は、数％～10％までまちまちです（多色刷りや写真が入るとコストが高くなり、著者への印税が安くなることも多いです）。

本は問屋さんを通して全国の書店へ運ばれます。出版業界では、問屋さんのことを取《と》次《つぎ》店と呼びます。取次店には、日販（日本出版販売株式会社）、トーハンなど約20社あります。日販とトーハンでシェア70％を占めるので、二大取次と呼ばれます。

取次店のおかげで、全国の書店や書籍販売サイトに本が並ぶのです。

▼自費出版

編集、校正、印刷、書店への流通などの費用を、全て著者が負担するのが自費出版です。商業出版をしたいけれど、出版してくれる出版社がなかったため、自己負担で本を出すケースがほとんどです。

個人のエッセイや自分史、社史や、体験記などのジャンルが多いです。これらは一般的なニーズを満たしません。ですから商業出版が難しいため、自費出版になります。

ただ、まれに、自費出版本が大ヒットすることもあります。

自費出版のヒットとしては、『B型自分の説明書』（文芸社）から始まる血液型シリーズが有名です。

シリーズ累計500万部超えの大ヒットになりました。

▼自費出版の費用はいくら？

私の友人が体験した実話です。

彼の元に、出版社の編集者から電話がきました。

「あなたのブログを読んで感銘を受けたので、出版しませんか？」

いつかは本を出したいと思っていた彼は、心が弾んだそうです。30分ほど話した結果、出版社へ訪問する日時を決めました。

電話を切る直前に、

「では、当日よろしくお願いします。あ、そうそう、費用はかかりませんよね？」

すると、編集者はしばらく沈黙。ようやく口を開くと、

「編集費、表紙のデザイン代、校正代で100万円。あと1000冊の買取り代です」

「1000冊？　ということは？」

「はい、1冊1500円で150万円です。合計250万円～300万円くらいです」

「そんなの払えないですよ」

「あなたさまは、素晴らしいコンテンツをお持ちなので、ぜひ出版してほしいです。では、上司に、もう少し安くならないか相談してみます」

「いえ、100万円だとしても、今は無理です。この話はなかったことに」

友人いわく、「その時に、もしお金があったら自費出版をしていたかもしれない」とのことでした。

自費出版は、安いところだと、150万円くらいで受けてくれる出版社もあります。ただ、そうなると、編集やデザインに手間暇をかけられるはずもなく、原稿を右から左へ流すだけになります。

ちなみに自費出版本は、「ああ、これは自費出版だな」とすぐにわかります。**出版社の利益を優先するためコストをかけていない安っぽい表紙と本文のデザイン。校正がおざなりで、誤字や脱字だらけ。個人的な体験記がメインとなる内容ばかり書かれているのですから。**

自費出版のメリットは、ＩＳＢＮコード、バーコードが付与され書店や書籍販売サイトに流通することです。ただし、先述したように個人の考えや体験記がメインになるため、売れないのです。

だから、書店員がほとんど注文せず、私達が見かけることはほとんどありません。

オンデマンド出版と電子出版

▼オンデマンド出版

本の注文が入ったら、1冊ずつ印刷をして購入者に紙の本を発送する形態を、オンデマンド出版と呼びます。オンデマンドの書店として有名なのは、Amazonのプリントオンデマンド（POD）です。

通常の出版は、最低でも数千部の単位で印刷して製本し、出荷が行われます。刷り部数が増えるごとに、1冊当たりの単価が下がるので、通常は3000冊以上をまとめて印刷して製本します。ですから一般的な商業出版は、初版は最低でも3000部スタートです。

しかし、プリンターや製本機の進化のおかげで、1冊ずつ印刷・製本をして販売しても利益が出るようになりました。それをいち早く取り入れたのがAmazonです。

ただ、Amazonから出版したくても、直接出版することはできません。Amazonと正式に契約を交わしている「オンデマンド書籍専門の出版社」にお願いしないといけません。

正規取次店に、原稿データを提出して、登録されてからようやく出版です。

最近は、その正規取次店が、オンデマンド出版を売り込む営業が流行しています。

▼電子出版

Amazon Kindle、楽天Koboなどの電子機器やアプリで読めるのが電子出版です。

その中でもキンドル・ダイレクト・パブリッシング（ＫＤＰ）が最も有名です。

紙の出版で費用がかかるのは、紙代と印刷代、製本代です。

しかし、電子出版は、商業出版やオンデマンドと違い、紙代も印刷代も製本代も一切かかりません。

また、オンデマンドと違って、Amazonと直接契約をすることもできます。自分でやるのが面倒な人は、代行会社に原稿を渡すだけで出版となります。

出版社や編集者を通さずに、誰でも手軽に出版できます。

ですから、本のレベルに達していないものも数多くあります。それが電子書籍の評判を落としている一因にもなっています。

ＫＤＰに入稿する時には、Wordデータで充分です。

自費出版やオンデマンド出版と同じく、電子書籍による出版の営業を受けた、という話もよく耳に入ります。営業方法は、自費出版やオンデマンド出版とほぼ同じです。

出版費用は、編集費用、校正費用と代行手数料を合わせて、10万円～50万円くらいが相場のようです。

もちろん自分で書いた原稿を、直接ＫＤＰに登録すれば無料でできます。

出版するなら商業出版一択！

今まで紹介した出版方法で、どれがベストでしょうか？

それは、目的によって変わります。

商業出版以外の出版方法では、自由に自分の書きたいことを書けるメリットがあります。

それでは、自費出版、オンデマンド出版、電子出版が向いているジャンルを紹介します。

自伝、個人エッセイ、自分史、個人的な体験記、同人誌、詩集、写真集、テキスト、論文、社史、郷土史などです。

また、本のタイトル、表紙デザイン、文章の一字一句にこだわりがある人も、商業出版以外が向いています。

商業出版以外なら、全て、自分の好きなようにタイトルやテーマを決めることができます。**理想の本を、自由に満足いくまで追求したいなら、商業出版以外の方法が良いでしょう。**

▼目的がビジネスのためなら商業出版しかありえない

しかし、知名度を上げたい。集客を増やしたい。ビジネスを発展させたい。

こういった目的なら、商業出版以外の方法は、ほとんど効果がありません。

ビジネスの発展のために本を出したいのなら、商業出版一択しかないのです。

自費出版やオンデマンド出版は、自分で印刷会社に発注して、パンフレットを印刷するのと変わりません。自分の販売力だけが頼りです。

出版形態	費用	流通	発刊に向いているジャンル	メリット
商業出版	編集、校正、印刷、書店への流通など「本を出す」ための費用を出版社が負担	全国に取次会社が配本。書籍販売サイト、電子書籍販売サイトにも掲載される	ビジネス書、実用書などのマーケットが大きいジャンル	書店に並び、書籍販売サイトに掲載されるため、多くの読者にリーチできる
自費出版	編集、校正、印刷、書店への流通などの費用を、全て著者が負担	ほとんど書店には配本されない。電子書籍販売サイト、書籍販売サイトには掲載される	自伝、個人エッセイ、自分史、個人的な体験記、同人誌、小説、詩集、写真集、テキスト、論文、企業記念誌、社史、郷土史など	書店に並ばないので、認知はされないものの、自分が書きたいものを書くことができる
オンデマンド出版	―	ほとんど書店には配本されない。電子書籍販売サイト、書籍販売サイトには掲載される	自伝、個人エッセイ、自分史、個人的な体験記、同人誌、小説、詩集、写真集、テキスト、論文、企業記念誌、社史、郷土史など	書店に並ばないので、認知はされないものの、自分が書きたいものを書くことができる
電子出版	自分で制作すれば無料。ただし、出版代行会社を通すと10万円～50万円ほど費用がかかるケースもある	電子書籍販売サイトに書誌情報が登録される	自伝、個人エッセイ、自分史、個人的な体験記、同人誌、小説、詩集、写真集、テキスト、論文、企業記念誌、社史、郷土史など	書店に並ばないので、認知はされないものの、自分が書きたいものを書くことができる

ビジネスを拡大し、
新規の顧客に自分を知ってもらいたいのであれば、
商業出版が一番向いている

「個人史や著者の想いだけで書かれた本は売れない」ということが書店側もわかっているので、並べてもらえません。

当然売れないため、出版社も広告を出してくれません。

また、電子書籍の販売サイトであなたの書名を検索して、ダウンロードする人もほとんどいないでしょう。広告や書店で見かけないものを一般のユーザーが書名を検索して探すことが難しいことは容易に想像できるでしょう。

つまり、自費出版、オンデマンド出版、電子出版は、あなたを知らない人には、ほぼリーチしません。ですから、新しいお客様との出会いも生まれず、ビジネスにはつながらないのです。

商業出版以外の方法で出版をしたらダメな理由

いつか商業出版をしたい方へ。それなら絶対にやってはいけないことがあります。

自費出版、オンデマンド出版、電子出版など、商業出版以外の出版をしてはいけません。

特に電子出版は、無料でお手軽に出版できますから、多くの人が飛びつきがちです。

ただ、自費出版、オンデマンド出版、電子出版で出版しても、著者が自力で売ってもせいぜい数十冊売れて打ち止めでしょう。

そして、著者を探している編集者からすれば、次のことを想像します。

電子書籍、オンデマンド出版、自費出版をしているのは、「紙の本を出版できなかったからなのではないか」と。

ちなみにAmazonでの売上データは、出版社によっては入手できるそうです。

数百円の価格をつけた電子書籍でさえ、数十部、数百部程度しか売れていない。であれば、１５００円の本などよけいに売れるはずがないだろうと考えられてしまいます。

これらが判明した時点で、商業出版の著者候補から外されてしまう可能性が高まります。

労力をかけて出版しても逆のブランディングになってしまうのです。

全国の書店があなたの会社の営業所（支店）になる

商業出版は、あなたのノウハウや考え方を、多くの人に伝えることができます。

なぜなら、出版社や、取次が、日本全国の書店へあなたの本を営業をしてくれるからです。

商業出版では、だいたいの出版社が少なくても3000部からスタートします。

「売れる可能性がある」と考えられると、6000部ほどの初版でスタートします。

全国の書店に行き渡らせるには、これくらいが必要です。

そして、全国の書店が、棚に置いてくれたり平積みをしてくれたりという形であなたやあなたの会社を応援してくれます。

もしあなたのパンフレットを、全国の何千カ所に置いてもらおうとなったら、どれだけの費用がかかるでしょうか？　それを、無料でやってもらえるのが商業出版です。

いえ、無料どころか印税までもらえるのです。

書店で置いてもらえて、Amazonなどの書籍販売サイトでも紹介してもらえるから、多くの人の目に触れる機会が高まるのです。

出版で人生が変わった

出版は、あなたのノウハウや考え方を、日本全国に広げるツールだといいましたが、日本に限りません。世界に広げるツールにもなります。

ここからは友人の著者Mさんに、実体験を紹介してもらいましょう。

著者Mです。松尾さんとは10年来の著者仲間です。

私は、台湾のビジネス出版社から講演の依頼を受けたことがあります。

計5時間の講演料は60万円。

往復の移動はファーストクラスで、講演終了の翌日には、日本語を話せるタクシーを手配してもらい、台湾旅行を存分に楽しみました。

そんな研修の依頼を受けることができたのは、私の日本で出版された本が台湾で翻訳されていたからです。

その翻訳本が、台湾の大手ビジネス研修会社の担当者の目にとまり、YouTubeで私の話す内容を確認した上で、依頼をしてくれたそうです。

しかし、今は海外でも活躍する私ですが、出版前の私は、全く稼げなくてアルバイトに明け暮れる日々を過ごしていました。

43歳で勤め先の会社からリストラされ、セミナー講師として独立。ホームページをつくったものの、まったく反響なし。1年で蓄えも消え、セミナー講師の専業をあきらめて、やむなくアルバイトで食いつなぐことに。

44歳にして始めた日雇いのアルバイトは、引っ越し、倉庫内作業、パソコン設定など、どれも時給900円程度。

日給で7000円、1カ月フルに働いても15万円程度。開催していたセミナーでの売上数万円を足して、どうにかやりくりしていました。

▼時給900円で怒られる毎日

一番多くやった仕事は、引っ越しのアルバイトです。

引っ越しのアルバイト先では、いつも配属される現場に、30歳と22歳の社員がいました。

30歳のリーダーは、アルバイトに対しても、丁寧に接してくれます。

でも22歳の社員にはいろいろとメンタルを削られました。

「おい、そこ、○○を持ってこい！」

「すいません、聞き取れませんでした。何を持ってくれば良いんでしょうか？」

「なにーー！　養生シート持ってこいっていってるんだよ！」

「はい、（養生シート？　これのことかな）。持ってきました」

「ちげーよ！　養生シートだよ！」

「養生シート？　どれですか？」

「使えねえーな！　知らねーのかよ！　使えねえジジイだな！　もういい！」

他にもいろいろあります。ある時のことです。

「おい！」

「はい」

「ネコ持ってこい」

「はい？　ネコですね」

数十分かけて、近くの野良猫を探して捕まえて、連れて行ったら大激怒！

「お前バカか！　ネコっていったら、ネコ車だよ‼　クソオヤジ！」

するとリーダーが教えてくれました。

「荷物を運ぶ、緑色の一輪車をネコ車っていうのだよ」

そんなこと、教えてもらわなきゃわかりません。「一輪車持ってこい、と指示しろよ」と、心の中で叫びました。


22歳の社員は、普段、先輩からいろいろ怒られてばかりいました。その矛先が、立場の弱いアルバイトの私に向かったのでしょう。

とはいえ、その社員のちょうど倍の年齢の44歳にもなって、毎日毎日、ダメ人間扱いをされるので、心が折れかけていました。

「もうこのままじゃ無理だ」と、講師業をあきらめて、就職しようと決めました。

そして数十社の面接を受けてみたけれど、全部不採用。

44歳の再就職はなかなか厳しいです。

「自分は社会から必要とされていないし、どうしたらいいのだろうか……」

いよいよ絶望の淵に立たされました。

▼出版したら時給が111倍に

そんな時に、一筋の光が差しました。出版社から1通のメールが届いたのです。

「ブログと小冊子を拝見しました。あるテーマで書ける著者を探していましたがぴったりです。執筆をお願いできないでしょうか」

天にも昇る気持ちとはこういうこと。喜び勇んで、出版社へ打ち合わせに行きました。打ち合わせの結果、話がトントン拍子に進みました。

2週間後に社内会議があり、そこで出版が決定したら、正式に執筆依頼になるとのこと。「会議を通すために、目次とサンプル原稿を書いてください。1週間くらいで送ってくれれば良いです」という要望でした。

1週間後で良いというのに、寝ないで企画書やサンプル原稿をすぐに仕上げて翌日の朝に送り、とてもびっくりされました（何か依頼されたらすぐに送るのも、大事な出版ノウハウだと思います）。

いよいよ審判の日がきました。
朝からソワソワ。
何度も携帯のメールを確認します。
そして、ようやく届きました！

「出版が決まりました。執筆お願いいたします。出版は半年後を予定しています」

読んだ瞬間、涙が止まりませんでした！
「ああ、出版したあとには、きっとアルバイトをしなくてもよくなる。これで就職しなくて済む！　好きな仕事を続けられる！　良かった！」

要望に合わせた初の執筆はとても大変でした。

ですがそれからちょうど8カ月後に出版しました。

▼出版したら、上場企業から依頼が

出版したら、さっそく大手企業から、研修の問い合わせが入りました。

大々的にテレビコマーシャルも流していて、誰もが知る大手建築会社です。

「うちの幹部達に営業研修できる人を探しています。本社までプレゼンをしにきてくれませんか」とのこと。

先方の会社の立派な会議室で、プレゼンを一通り終えると、担当者から聞かれました。

「それで、いくらでやっていただけますか？」

実は、プレゼンの前夜にリサーチしていました。以前から社員研修をしていましたが、下請けの講師ということもあり、日給が1万円～3万円でした。でも、著者の研修料金の相場を調べてみると、20万円～30万円くらい。

「おお、たった2時間しゃべるだけで、1カ月のアルバイト代を超えるぞ。明日はこの金額で交渉してみよう」

私はおそるおそる、「2時間で20万円です」といいました。

しかし、「それでしたら、助かります。ではその金額で依頼します」とあっさり契約に。

「え？　助かる？　他の人はもっと高く請求しているの？」と驚いたものです。


アルバイトでは、時給９００円だった私。出版したら、時給10万円になったのです！

なんと１１１倍の昇給です！

改めて出版の力の凄さを実感しました。


その会社での研修は、隔月で10年近く続いたので、１０００万円以上の売上になりました。


その直後にも、本を読んでくれた税理士の会社から研修依頼がありました。10回の研修で２００万円の契約がすぐに決まりました。また、大手自動車会社から、全国各地で研修する仕事も入りました。全国10カ所で２００万円でした。

全ては、商業出版したおかげです。それまでの数年分の年収を、出版直後の依頼だけで稼げてしまいました。

引っ越しのアルバイトで食いつないだこと、1万円で下請けの研修講師をしていたことが、まるで夢だったかのようなステージが訪れたのです。

現在、出版してから10年経ちます。

27冊出版して累計35万部が売れました。

研修の依頼や、コンサルティングの依頼、セミナーの受講などで得られた売上をざっと計算してみると、2億円は突破しています。

出版のおかげでビジネスが大きく加速しました。「出版を考えているのだけれど」と相談されたら、こういいます。「数百万円使ってでも出版するべきだ」と。

▼投資効果は最高

数百万部も売れている先輩の大ベストセラー作家は、こんなことをおっしゃっていました。**「ベストセラー作家というポジションは数億円を投資しても良いくらいの価値がある。ほとんどの人はこれを理解していない」**。

数百万部まで売れなくても、ある程度売れている作家なら、数千万円の投資の価値があると感じているでしょう。実際に友人の中には、出版するまでに数百万円使って、販促費に、数千万円を使っている人もいます。その彼もいいます。

「出版は一番確実な投資だよ」

著者になって良かったことは、友人の質が段違いに変わったことです。

商業出版すると、著者の友人がものすごく増えます。

著者はそれぞれに個性的で、一緒に過ごす時間は、本当に楽しいです。かけがえのない友人達のおかげで、人生の充実度は大きくあがりました。

また、憧れの存在だった有名著者も、こちらが本を出していると知ると、仲間として扱ってくれます。これも、著者になってからの大きな喜びでした。

でも何よりもうれしいのは、自分の本を読んだ読者から、**「目からウロコが落ちました」「今まで知らないことがたくさんあった」「長年の悩みが消えた」**とおっしゃっていただくことです。

自分が世の中に、これほどまでに貢献できているのだと感じられる瞬間は、出版しなかったら起こらなかったでしょう。

この本を読んでいるみなさんと、数年後には同じ著者としてお会いできるのを楽しみにしています。

▼Mさんが出版できた理由とは？

Mさん、貴重な体験記をありがとうございました。

Mさんは一見すると、とても運がよく、たまたま書籍化の声がかかったように見えます。でも、Mさんが本を出版できたのは、数回出版セミナーに参加して、準備ができていたからです。

ホームページにどんなコンテンツをおけば良いのか？

ブログはどんな記事を書けば良いのか？

どういったプロフィールが人から選ばれるのか？

出版の打ち合わせでは、どんな話をしたら良いのか？

などの準備が整っていたのです。

ちなみにMさんが受講した出版セミナーの受講料はわずか数万円。

ですから、これほど投資効率の良いものはないですね。

出版による宣伝効果はいくらか？

1冊の商業出版をする際に、出版社が負担する金額は、いくらだと思いますか？

およそ「300万円くらい」です。

つまり、出版社があなたに執筆を依頼するということは、「300万円をあなたに投資する」のと同じことです。

しかもなんの担保もなしです。


本は初版を売り切った時点から、ようやく損益分岐点を超えます。増刷してから、出版社に利益が生まれるのです。だから編集者は、増刷が決まってから、やっと安堵できるそうです。

逆に増刷しないということは、出版社にとっては投資の失敗です。増刷しない本ばかり連発する編集者は、社内の立場が危うくなります。

当然ながら著者選定の審査は厳しくなります。それでは、審査のポイントを紹介します。

▼編集者がチェックする著者のポイントとは

①そのテーマを書くのにふさわしい著者か？
②1冊書けるだけのノウハウがあるのか？
③そのノウハウには再現性があるのか？
④初版部数を売り切れるか？

これらのチェックポイントをクリアした著者に、執筆の依頼がきます。

ただし、いざ執筆となっても、あなたが書いた文章を大幅に修正されることも当たり前。ある著者から、「自分が書いた200ページのうち、100ページをまるごと書き直すようにいわれた」と相談されたこともあります。

私自身、1章まるごと、削除されたこともあります。

このように、商業出版では、自分の書きたいことを自由には書けません。

編集者が望む内容を書くように要求されることもあります。
自分の書きたいことが、「それは必要がありません」と、バッサリ切られることも往々にしてあります。

本のタイトルでさえ、あなたの意向が反映されないのです。

ある女性著者の実例です。

「主婦のための幸せわくわく起業法」というタイトルにしたいと主張したのに、「○千万円を稼ぐ方法」というタイトルになりました。

「刺激的で煽ったタイトルをつけられて、私のイメージが下がった」と残念がっていました。

しかし、出版社は著者に300万円を投資しているのです。

なので、売れるために刺激的なタイトルや、煽ったタイトルを入れたりもします。

しかしこれらのデメリットは、出版することによって得られるメリットと比べたら、比較になりません。

その女性著者も、その本で出版デビューできたため、その後何冊も本を書いたり、セ

新聞広告掲載	広告審査	金額（全国紙・五段広告）
個人・経営している会社の広告を掲載する場合	個人や経営している会社が小さいと審査が通らない可能性もある	数百万円ほど
自分の本を掲載する場合（広告料を自分で支払う場合）	ほとんど通る	数十万円〜
自分の本を掲載する場合（出版社が広告費を負担する場合）	ほとんど通る	無料

※時期やタイミングによって値段はかわります。

ミナーでも大活躍することができたりしています。出版で得られるメリットは、本当に膨大です。

金額換算できないものもたくさんありますが、わかりやすいところを紹介していきましょう。

▼新聞の全国紙に広告を出すとしたら数千万円

もし個人で全国紙の新聞に広告を出す場合、全五段広告で数百万円くらい、全面広告だと数千万円くらいが必要です。

そもそも、一個人、一法人が広告を出そうと思っても審査に通りません。

大手新聞社は、広告の審査が厳しく、お金さえ払えば出せるというものではないのです。ところが個人と違って、出版社は、新聞社に広告枠を持っています。

出版社によっては、あなたの本が売れそうだとわかった時点で、全国の新聞に広告を出してくれます。

「新聞広告を見てセミナーやコンサルに申し込みがあった」

「新聞広告を目にした旧友から連絡がきて、何十年かぶりに親交を温めた」

という著者の体験談はよく聞きます。


もし個人で全国に名前を売ろうと思ったら、膨大な費用がかかります。しかし、本を出版するとそれが無料です。

あるいは、出版社によっては、著者が数十万円を負担するだけで全国紙へ広告を出してもらえます。


自分でお金をだすかどうかで出費は変わりますが、商業出版をすることで得られる宣伝効果は、数百万円分にも匹敵するのです。

デビュー6カ月目の初心者でも出版が決まった

「松尾さんはもともと一流だったから、有名だったから出版できたのでしょう?」

といわれることがあります。
そんな時、私はいつも全力で「ノー」と答えています。
私のレベルは、1流どころか、3流、いえ、ほぼ初心者レベルでした。

私は２００５年にセミナー講師としてデビューしました。当時は自信も力量もなく、無名講師でした。

講師としてデビューしてから半年くらいたった頃に、私のホームページを見た編集者から「セミナー講師のノウハウを本にまとめて出版しませんか？」と声がかかりました。

当時、セミナー講師をしていたといっても、わずか5回～6回の登壇経験しかありません。ですから、1冊書けるだけのノウハウはほとんどありません。

でも、その編集者には次のような返事をしました。

「はい、もちろんお受けします。ただ、内容をしっかりと書きたいので少し時間をください」

それからは、本のネタを探すためにいろんなセミナーに参加しました。有名な講師だと評判を聞いたら、ありとあらゆるセミナーに行きました。

セミナーの構成は？　受付の場所は？　休憩時間は何分取るのか？　参加者に出すお茶のブランドは？　BGMは何を使うのか？　セミナー講師としての話し方は？　運営は？　などのノウハウを集めるために参加しました。

でも、ノウハウを集めて、セミナーを開催して試しているうちに、本を書けるだけの専門家になっていきました。執筆に1年かけて出版した処女作が『誰にでもできる「セミナー講師」になって稼ぐ法』（同文館出版）です。

本はすごい人が書くものだと、読者は思っています。

でも実は、当時の私のように、素人に毛が生えたレベルでも、出版は可能なのです。

私のビジネスは、この初出版のおかげで、別次元のステージに突入できました。

報われる努力と報われない努力

私が主催する出版スクールに通うために、銀行から融資を受けたり、持っているクレジットカードのキャッシングでお金を集めたりした人もいます。

借金をして受講している人は、切羽詰まっているだけに、腹をくくっての参加です。

課題のこなし方が違うし、努力の度合いが違います。


このように必死な人は、たくさん努力をします。

ただ、大事なのは努力の方向です。

▼努力の仕方が違う

私が運営しているのは、著者の養成スクールですが、ビジネススクールでもあります。
そこでは、ビジネスの正しい努力の仕方も教えています。毎回お伝えしているのは、
報われる努力と報われない努力があるということ。

例えば、英語を使わない仕事なのにTOEICを学んでいる、仕事をする予定がないにも関わらず、行政書士や宅建などの資格の勉強している資格マニアなどです。

はっきりいいます。

数カ月で取れるような資格には価値がありません。

では、取得に数年かかる資格なら、絶対に稼げるのでしょうか？

それも違います。

日本で最高に難しい資格といえば、司法試験。この難関を突破して弁護士になったら大金持ちになれますか？　データ（平成30年　厚生労働省　賃金構造基本統計調査）を見ると年収５００万円以下の弁護士が約10％もいます。５００万円～７５０万円ほどの弁護士も約16％いることを考えると、弁護士になれば必ず大金持ちになれるとはいえないと思います。

「予備校で『資格をとったら年収１０００万円』とかいわれていたのに、資格を取っても全然稼げないよ」と嘆く人も多いのです。

資格取得も一種の投資ですが、投資効率は果たしてどうでしょう？　報われない努力をして、遠回りしている人に伝えたいです。投資するなら出版です。

メディアから専門家として扱われるようになる

私は、テレビやラジオに出演したり、雑誌のインタビューにもたくさん出演したりしてきました。それらの報酬自体はよくて数万円です。

しかし、そんな報酬でもなぜ出演するのかというと、メディアへの出演のあとは、SNSなどで反響があるからです。

私が「TOKYO MXテレビの「5時に夢中」という番組に出演した時のことです。出演したあと、自社のホームページにアクセスが殺到して、様々な問い合わせが入りました。

テレビの収録前、ディレクターと打ち合わせした時に、なぜ私を選んだのかを聞きました。

「松尾先生が東洋経済オンラインで執筆した記事を見ました。とても良い記事でした。そこでプロフィールを読むと出版をされていたので、安心して出演を依頼できました」

やはり、出版していたことが決め手でした。文化人枠は著者で占められていますが、著者という肩書は、マスメディアにとって、大きな信頼の証になるのです。

一度でも出演したら、プロフィールに、「マスコミに出演」と書けます。これが書かれていると、さらに信頼度が大きくあがります。

また、出演者になると、有名人との写真を撮ることもできます。それらはブランディングに大きく貢献します。
それも、これも、出版してこそなのです。

あの有名社長が本を出す理由

これまでお話しした、自分のノウハウを伝えたい、集客に役立てたいという目的以外にも出版する人がいます。**リクルート（求人）のために出版をするパターンです。**

有名な例は、渡邉美樹氏です。ワタミ株式会社の創業者であり、その後政界に進出し、参議院議員になりました。

彼が創業した「居酒屋ワタミ」には、創業当初、優秀な人が集まりませんでした。**ところが2005年に出版された本がベストセラーになりました。**

『渡邉美樹の夢に日付を！ ―夢実現の手帳術―』（あさ出版）

この本は、渡邉氏の体験と考え方をまとめた本です。

「つらい運送会社時代に、血尿が出ても頑張った。人間には頑張らなければいけない時期がある。そのためには目標を持て。日付を決めろ」

そういった考えに心酔した若者がワタミに入社してきて、会社は発展しました。

大企業は、良い人材を集めるために、大きな投資をしています。その一環として、経営者の理念や生き様を描いた本は、効果的なリクルートのツールになるのです。

経営者が自ら本を出版していれば、その会社の理念だけでなく、社長の考え方や情熱などを伝えることができます。すると同じ熱量を持った人材が集まります。

1人の社員を獲得する単価は、300万円ほどかかるという会社も多いようです。

良い人材を集めたいなら、出版は必須アイテムです。

▼日本を変えた田中角栄の1冊

政治の世界でも、1冊の本が日本を変えた出来事があります。田中角栄の『日本列島改造論』（日刊工業新聞社）です。当時（1972年）年間第4位になるほどのベストセラーになりました。

この本は自民党総裁選挙の1カ月前に出版され、大きな話題を呼びました。本の影響が大きく、日本中を列島改造論ブームに巻き込み、東大卒の福田赳夫に、中卒の田中角栄が勝利しました。本は、自分の理念を伝える最高のツールとなります。そして日本をも動かす力があるのです。

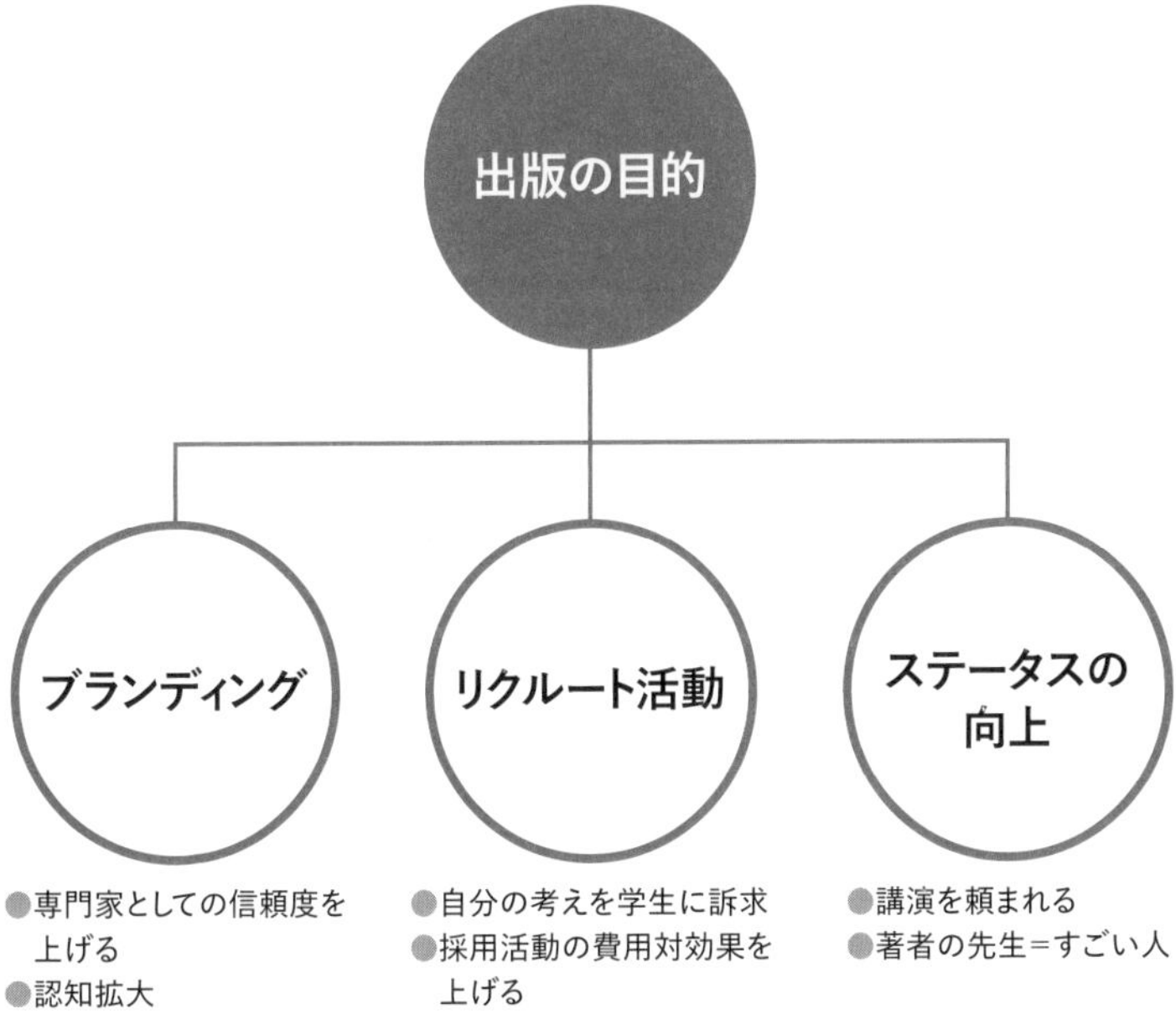
出版の目的
ブランディング
リクルート活動
ステータスの向上
●専門家としての信頼度を上げる
●認知拡大
●自分の考えを学生に訴求
●採用活動の費用対効果を上げる
●講演を頼まれる
●著者の先生＝すごい人

2章

実は無名な人でも出版はできる

- 資格をもっていなくても大丈夫。大事なのは働いて得た実績
- エリートが書いた本は再現性がない。読者に近い悩みをもったあなたが書く本のノウハウこそ読者が欲している
- 働いている業界の中にではなく、外に向けて書こう
- プレイヤーから先生へと立ち位置を変えることを意識しよう

出版は誰でもできる

あなたは「著者になれる人は特別な人だ」と思っていませんか？

私も自分が著者になる前は、あなたと同じように思っていました。

でも、一般の人が抱くイメージと、実情は大きく違います。


確かに昭和の時代でしたら、出版は簡単ではありませんでした。

商業出版でデビューをして著者になれる人は、ごく一握りの特別な人に限られていました。ビジネスで飛び抜けた実績を上げている有名人や、大学教授など、超一流の専門家に限定されていました。


また、昭和の時代には、20代の著者はほとんどいませんでした。

出版社の編集担当者が、本を書ける人を探そうと思ったら、専門家の紹介を通してしか知る機会がなかったからです。

しかし、インターネットが普及し始めた2000年あたりから時代が大きく変わりました。起業したら自分のホームページを持ち、ブログで発信する。それが当たり前になってから、編集者も専門家に直接アクセスすることが簡単にできるようになったのです。

そのおかげで広く有名でない人でも著者になれる機会が訪れました。

昔と違って、今は誰でもビジネス書の著者になれる可能性があります。

私は自身が25冊（本書を含めると26冊）のビジネス書を出版しています。

著者でありながら、出版プロデューサーとしてこれまで300人以上の新人著者をサポートしてきました。

300人いずれの方も、有名企業の社長でもなく、人気のタレントでもなく、一般的にはほとんど無名の人です。

それでも、商業出版の著者として、デビューを果たしました。

その業界では埋もれた存在でも、今は全くの無名でも出版はできます。

出版に必要な正しい知識とコツがあれば。

それを学んだ人達が、ビジネス書の著者への門戸を開いたのです。

資格よりも大事なものは実績

「出版を実現するために、まずはファイナンシャルプランナーの資格をとります！」

ある出版志望者から、こんな報告を受けたことがあります。

彼はお金に関するテーマで出版したいとのこと。それには、「裏づけとなるような資格がなければ出版できない」と思い込んでいました。

一般論をいえば、日本は資格や肩書きを重視する社会なので、資格は持っていないより、持っていたほうが有利なのは確かです。

法律に関する専門書を出版するなら、弁護士の資格が必要です。税務の専門書を執筆するなら、公認会計士や税理士の資格が必要でしょう。医療に関するテーマであれば、医師などの資格が絶対に必要です。

このような資格があり、専門知識を持ち、経験があり、ノウハウを持っている人は、普通の人よりも出版にとても有利です。

しかし、一般的なビジネス書の著者になるのには、「資格」は必要ではありません。ビジネス書において重要なのは、資格よりも実績と数字です。

例えば、あなたが「専業主婦なのに３年で１０００万円貯めた方法」を実践していたのなら、多くの人がそのノウハウを知りたいと思うでしょう。

３年で１０００万円貯めたという圧倒的な実績、数字は、大きな説得力を生み出します。

そんな実績とともに、お金の専門家ではない専業主婦という肩書きに意外性があります。かえってそこがセールスポイントになります。

逆にファイナンシャルプランナーや税理士の資格を持っていても、貯金がほとんどない人だとしたら、全く説得力がありません。

理屈をたくさん知っていても、自分の実績がなかったり、お客様の実例を手掛けた経験がなかったりしたら、そのテーマでの出版は叶わないでしょう。

他人の目に明らかな実績が出版には必要です。

ただし、その実績は、業界では当たり前のことだとしても、外の世界で新鮮に映るとしたら、活用ができます。後ほど詳しく「三角形の法則」を説明します。

リケジョの本からお金の本に

私が主催する出版スクール生の西村優里さんは、『買い物依存症OLの借金返済・貯蓄実践ノート』（合同フォレスト）、『今度こそ「貯められる女」になる67のルール』（大和出版）というお金に関する本を立て続けに出版しています。

彼女は当初、国立の理系大学院を卒業しているキャリアを活かして「リケジョの働き方」をテーマにした本を書きたいといっていました。

しかし、彼女のこれまでの人生の歩みや、自分の「強み」「弱み」などを棚卸してもらうと、全く違う一面が見えてきました。

彼女は、大学時代から買い物依存症になり、洋服やバッグ、エステ、宝石など高額商品をクレジットカードで衝動買いを繰り返す日々を送っていました。

社会人になっても浪費をやめられない。返すためにまた借りる。

そんな自転車操業の状態に陥り、その結果、借金額が500万円に膨れあがりました。

その状況下で彼女は「人生を立て直したい」と一念発起。借金の返済に取り組んだ結果、わずか3年で完済。それだけでなく、その後は自身の経験から得たお金の貯まる方法を実践し、かつての借金額と同じ500万円を貯めることに成功したというのです。

この話を聞いた時、私は買い物依存症を克服し、合計1000万円以上を貯めた彼女のノウハウは、お金を貯められない読者の役に立つと思いました。

そこで、彼女に「借金返済と貯金のノウハウ」を出版テーマにすることをすすめました。

その企画は見事、出版社の目にとまり、関連する本を2冊出版することになったのです。

出版後、彼女はメディアからの取材依頼が相次ぎ、大手金融機関を辞めて協会を設立。

現在では、お金の専門家、ファイナンシャルカウンセラーとして活躍しています。

彼女は、最初に書きたい本とは全く違う内容での出版となりました。

本人が自分の宝物に気づいていないケースはとても多いのです。

編集者は常に著者を探している

あなたは、1日にどのくらいの数の新刊が出版されているかご存じでしょうか。

実は、1日200冊〜300冊の新刊が出版されており、年間では7万冊〜8万冊といわれています。

すでに実績のある著者に執筆を頼むだけでは、これだけの数を刊行することはできません。ですから出版社の編集者は、発行される本の数だけ、書き手である著者を常に探しています。

「編集者は、ベストセラーの実績のある著者を優先する」そう思っている人も少なくないでしょう。確かに、実績のある著者のほうが売れる部数も予測しやすいです。ファンもついているので、売れている著者は企画が通りやすいといったメリットがあります。

しかし、実績のある著者は、数多くの出版社から依頼が相次ぎ、「次はうちでお願いします！」と争奪戦が繰り広げられています。

人気の著者になると、「1年～2年待ち」というケースも珍しくありません。

したがって、**実績のある著者だけでは、刊行点数をカバーできないのが現実なのです。**

また、**「全くの無名の著者を発掘して、ベストセラーを生み出したい」という編集者は少なくありません。**腕利き編集者ほど、新人著者を好む傾向があります。

私が親交のある編集者はこんなことを語っています。

「何冊も本を出版した著者よりも、新人著者を発掘したい。新人著者の本の方が、編集者の力量しだいで大ベストセラーになる可能性がある。新人著者をいかに育てるかが腕の見せどころだとも思っている」と。


このように、新人著者を積極的に発掘している編集者が数多くいます。

ですから、1冊も本を出していない人にこそ、出版のチャンスがあるといっても過言ではないのです。

世界の「こんまり」は出版前から有名人だったのか？

「こんまり」こと近藤麻理恵さん。

『人生がときめく片づけの魔法』（サンマーク出版）は世界で累計１２００万部突破の大ベストセラーです。

２０１５年には、雑誌TIMEの「世界で最も影響力のある１００人」に選ばれ、大きな話題になりました。

さらに２０１９年には、Netflixのドキュメンタリー番組で、１９０カ国で配信。テレビ番組のアカデミー賞といわれるエミー賞に２部門ノミネート。日本人初の記録を次々と打ち立てています。

そんなこんまりさんは、出版前から有名な人だったのでしょうか？

いいえ、全く有名ではありませんでした。新卒でリクルートエージェントに就職したあと、退職をきっかけに、片付けコンサルタントとして「出版したい！」と一念発起して、ある出版塾に入塾しました。

その塾の出版コンペで、サンマーク出版の名物編集長が手をあげました。
編集過程のやり取りの中で、「ときめき」というキーワードが出て、「これだ！」とひらめき、この本が生まれたといいます。

どこの出版塾でも、出版するまでにはお金と時間がそれなりにかかります。20代の女性が、それだけ投資してまでも、本を出したいという一心で食らいついたのは、やはり、出版の力を十分に知っていたからでしょう。

そして、1冊の本が出版されました。

その本が、今や世界を駆け巡り、無名の人を、「世界のこんまり」に押し上げたのです。

この本を読んでいるあなたも、今現在は無名かもしれません。

ただ、そうだとしても、出版には関係ありません。

こんまりさんも、当初は無名だったのですから。

でも出版塾で様々なことを学び、切磋琢磨したからこそ、出版が実現して、世界のこんまりになったのです。

あなたも、こんまりさんのように、学ぶべきことを学べば、道が開いていくはずです。

人気アナウンサーが書いた話し方本が売れないわけ

日本テレビ、TBS、テレビ朝日、フジテレビなど、キー局のアナウンサー・元アナウンサーで、話し方の本を出している人は多いです。

ところが意外に売れません。なぜ売れないのかといえば、遠い存在だからです。

キー局のアナウンサーは、エリート中のエリートです。アナウンサーの新卒採用は、一社につき年間で2人～3人。倍率は2000倍～4000倍くらいといわれます。

ですから、「そんな高倍率をくぐり抜けた人は、そもそも話し方がうまいに決まっている。もともとの才能が違う」こんな風に思われるのも当然でしょう。

それに比べると、地方局のアナウンサーや、フリーのアナウンサーなど、名前を知られていない人の方が、敷居がそれほど高くないので売れやすいのです。

「自分でも頑張ればなんとか手が届くかもしれない」という距離感が大事です。

私の著者仲間の1人、倉島麻帆さん。

彼女は、フリーアナウンサーとして独立したあと、30代後半で話し方セミナーを始めました。その時に、縁あって、『みるみる話し上手になる本』（誠文堂新光社）を出版しました。

すると本の読者がセミナーに殺到するようになりました。

漫画や小説は、著者にファンがつきます。でも、**ビジネス書では、著者名よりもタイトルや内容です。**私が交流会やパーティーで知り合った人で、名刺交換した後に、こんなメールをくれる人が時々います。

「家に帰ってから本棚を見たら、松尾さんの本がありました。松尾さんとは初対面だと思っていましたが、すでに本を読んでいました」

私、松尾昭仁の本だから購入した、というよりは、自分の課題を解消できる本だから購入している証拠です。ビジネス書を買う理由は、「悩みを解消するためのノウハウ」という実利がほしいのです。

そのため、「自分の好きな著者の本しか読まない」という人はいません。

ですから、出版の世界では、有名でも無名でも関係ないのです。

「新幹線理論」が売れる本のキモ

あなたも新幹線に乗ることがあると思いますが、なぜ高いお金を出して、新幹線に乗るのでしょうか？　鈍行電車だと安い金額で移動できますよね。

また、自由席ではなく、余分なお金を出して、指定席に乗る人も多いですよね。

新幹線で指定席を使う理由を考えてみましょう。


この選択には3つの理由が考えられます。


1つ目は快適さ。

鈍行電車だと、シートの快適さやパーソナルスペースの確保に難があります。長時間の移動には厳しいです。パソコンを開いて仕事をするにも不便です。

快適さを考えると、鈍行よりも新幹線です。

2つ目は「不快」を避けるため。

2人以上で移動する場合、指定券を購入していないと、横並びで座れない可能性が高いです。またピーク時には混雑して座れず、立っていなくてはいけないことすらあります。不快な状況を避けるため、高くても指定席を購入するのでしょう。

3つ目の理由は、時間を買うため。

東京駅から大阪駅の移動は鈍行だと9時間以上かかります。しかし、新幹線「のぞみ」だと2時間半です。**6時間半も時間を節約できます。**大きな時短のために、新幹線に乗ります。

3つの理由を紹介しましたが、ビジネス書も同じように、3つの役目があります。

①今よりも良くなりたい

感情でいえば、「快を感じたい」という心理欲求です。

今より良くなりたい、夢や希望を叶えたい、欲を満たしたい、ノウハウを身につけたいなどです。例えば、年収を上げたい、モテたい、お金を増やしたい、などの欲求を満たすために本を買うパターンです。

②恐怖や苦痛を避けたい

感情でいえば、「不快」の回避です。

困っていることがある、美容、健康を損ないたくない、お金に困りたくない、などです。例えば、英語を習得しなければ出世できない、老いるのを防ぎたい、お金を守りたい、対人関係の苦痛をなくしたい、など問題を回避するために、本を買うパターンです。

③時間を短縮するため

時間をかけて学んでいられない、手っ取り早くインプットしたい、知りたい、などです。自分で成功するためのノウハウを調べて、習得しようと思ったら数カ月～1年くらいかかるでしょう。そんな時間がないから数時間で手っ取り早く学びたい。そのためにビジネス書を買うパターンです。

深さよりも速さを、ビジネス書に求める人は多いです。

▼専門書とビジネス書の違い

専門書は、たくさん売れることは想定していません。ごくわずかしか印刷せず、その代わりに、1冊に数千円〜数万円の価格がつけられます。

私の大学時代に、こんな教授がいました。

試験に指定の本の持ち込みはOKだというのです。指定とは、教授の書いた本。専門書ですので5000円くらいしました。

学生にとってもはとても高価なものでしたが、みんな購入していました。もちろん単位がほしいからです。今考えると、すばらしい本の売り方です（笑）。

専門書は、前述した3つのニーズを満たさないので売れません。

例えば、分厚い歴史書は売れませんが、「まんが　日本史シリーズ」は、長い間ベストセラーです。『孫子の兵法』の漫画シリーズもたくさん出ていますが、ある銘柄は10万部を突破しています。手っ取り早く読めて、知識欲も満たされるからです。

漫画や、要点をまとめたビジネス書で興味を持ったら、そこから深めていけばいいからです。

▼コミック（マンガ）や小説と、ビジネス書の違い

コミックは、100巻で終わらなくていいです。小説も1冊が何百ページあっても、

分厚くてもいいです。それでも売れるからです。

しかし、ビジネス書はそうはいきません。

著者がいいたいことだけ書いている500ページもあるビジネス書は、まず売れません。

また、活字離れといわれて久しい現在では、薄い本、文字数の少ない本が売れます。

岩崎夏海さんの映画化もされた大ベストセラーの『もしも高校野球の女子マネージャーがドラッカーの「マネジメント」を読んだら』（ダイヤモンド社）も同じです。

原書のドラッカーの『マネジメント』は、上・中・下巻、合わせて1000ページあります。この本をしっかり読んで理解できた人はそう多くないでしょう。

でも、エッセンスをストーリー仕立てにした本は200万人を超える人に読まれました。その中には、さらに学びたいということで、1000ページにチャレンジする人もいたはず。

だから、入り口は読みやすさが必要なのです。

「三角形の法則」で誰でも著者になれる

「本は、立派な人じゃないと書けないですよね？」

そんなふうに思っているとしたら、その考えを今から改めてください。

85ページにある、「三角形の法則」という図で紹介します。

全ての業界で働く人には、ランクがあります。

①S級ランクの人
②A級ランクの人
③B級ランクの人
④C級ランクの人
⑤D級ランクの人
⑥D級以下の人
⑦その業界の外の人

「すごい人が本を書くものだ」というのは、S級ランクの人しか本を書いてはいけな

という発想です。

私も昔は、本を出すならS級じゃないと無理だと思っていました。

しかし、1冊目の出版の声がかかったのは、D級以下の時でした。

セミナー講師として、登壇経験は5回～6回で、講師デビューしてから半年目です。

わかりやすく例えると、

S級は、この分野の大学教授
A級は、話し方やプレゼンの本を何十冊も出しているこの道20年以上の講師
B級は、10年以上のプロ講師
C級は、3年以上のプロ講師
D級は、3年未満のプロ講師
D級以下は、駆け出しの講師
とします。

当時の私は、D級以下のランクの中でも最下層に属する人間だったにも関わらず、出版の機会を得られました。

「三角形の法則」

あなたはまだ「自分は本当に出版できるのだろうか？」
「自分は出版に耐えられるコンテンツをもっているのだろうか？」と
不安に思っているかもしれません。
結論から言えば、**誰でも商業出版は可能**です。
その根拠となるのが、**「三角形の法則」**です。

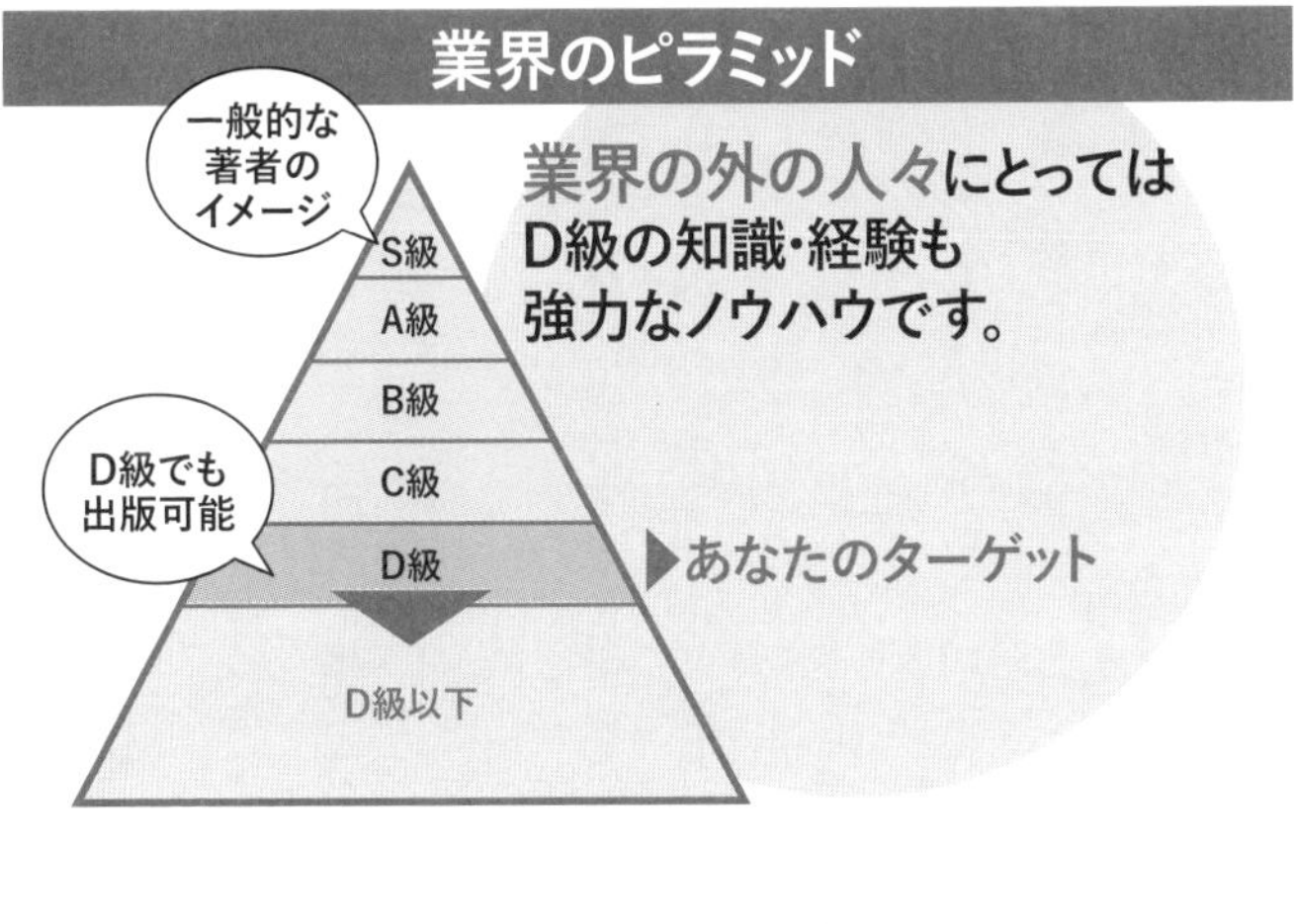

あなたが業界の中ではD級でも、
業界の外から、もしくは**D級未満**から見ると、
あなたの経験や知識は、立派な**その業界の専門家**です。
例えば自動車教習所の講師は、
決してF1ドライバーほどのドライビングテクニックも経験もありませんが、
免許を取りにくる人にとっては、
充分な知識と経験のある立派な“先生”です。

D級以下の私が出版できた理由

私が素人に毛が生えた程度のD級以下だったのに著者になれた理由は2つあります。

1つは、競合がいなかったこと。私の場合でいうと、セミナー講師のスキルや、講座運営ノウハウを書いた本がなかったことです。

もう1つは、先ほど説明した三角形の外に向けて本を書いたこと。プロの講師向けに書くのではなく、講師業界の外にいる人向けにセミナーノウハウを書いたからです。


セミナー業界では底辺だった当時の私。

ただ、「これからセミナーをやりたいんです」という初心者にとっては、そんな私でもそれなりのノウハウをもっている先輩になります。


リサーチした結果、社会労務士、税理士、行政書士など士業の資格を取得したのに、集客で困っている人が多くいました。士業の方はセミナー講師になることで、クライアントの獲得がたやすくなります。では、「セミナーの講師になる本を探そう」としても、当時はその関連本がなかったのです。

ここに注目して、セミナー講師になるためのノウハウを集めて出版しました。

▼時代は変わった

昔は世間的に名前が通っている著名人や、大学教授や弁護士などの専門家が本を出版する時代でした。しかし、時代は変わりました。

今は、読者との距離が近く、読者と同じような悩みを克服した人の本が売れる時代です。昔は20代の著者はほとんどいませんでしたが、最近では20代の著者の本も出版されています。親近感が武器になる時代になったのです。

起業したばかりで、「孫正義、スティーブ・ジョブス、ビル・ゲイツに学ぶぞ」とはなりませんよね。まずは年収1000万円を目指す人にとって、すでに何兆円を稼いでいる人のノウハウは次元が違っていて参考にならないのです。

ですから今、あなたが所属する業界で駆け出しであったとしても問題はありません。

自分が書く本の購入対象者を誰にするかが大事なのです。

業界で駆け出しの場合は、決して所属している業界の内部の人に向けて書いてはいけません。

そういう場合は、業界の外に目を向けることが、とても大事なのです。

高校生のアルバイト経験を書いた本がベストセラーに

著者の香取貴信さんが、ディズニーランドを題材にした人材教育本、『社会人として大切なことはみんなディズニーランドで教わった』（こう書房）は、大ベストセラーになりました。

彼は、高校時代にアルバイトをし、そこで学んだことを、コンサルタントになって書きました。引き続き「三角形の法則」のランクで説明します。ディズニーの人材教育について語れるランクは、以下のように分類ができるでしょう。

① S級：ディズニー、オリエンタルランドの創業者

②　Ａ級：　役員
③　Ｂ級：　管理職
④　Ｃ級：　人事部や研修担当者
⑤　Ｄ級：　一般社員、ベテランアルバイト
⑥　Ｄ級以下：　入社まもないアルバイト
⑦　業界の外の人々：　社外の一般の会社経営者、管理職、リーダー

香取さんは、高校生のアルバイト時代の経験を書きました。ですから、三角形の法則でいうとＤ級です。

Ｄ級の香取さんが書いたディズニーの教育本を読みたい人は、三角形の中だと入社まもないアルバイトのＤ級以下の人だけ。ですから三角形の中では大した価値がないでしょう。

しかし、三角形の外にいる人、つまり「業界外の人々」にとっては、充分価値のある教育本です。

三角形の外の人々とは、一般の会社の人材教育担当者や、経営者、管理職、リーダー

です。こうした「三角形の外の人々」はおそらく、何百万人もいるでしょう。

彼らが香取さんの本のタイトルを見かけたら、次のように反応するのではないでしょうか。

「ディズニーランドのほとんどのキャストは、アルバイトなのに、なんであんなに楽しそうに働くのだろう？　自分の会社の社員があんなふうに働いてくれたら良いなあ」

そうして書店で手に取る人がたくさんいたため、ベストセラーになりました。

S級、A級の人、創業者、経営者、幹部社員は、入社当時の気持ちを忘れてしまっていたり、アルバイトの経験もなかったりするので、難しい本を書きがちです。

高校生のアルバイトだった香取さんが教えることは、ディズニーランド内では当たり前のことばかりだったかもしれません。ただ、業界の外の人々にとっては宝物だったのでしょう。

その情報格差が使えると、出版は成り立ちます。

もしあなたが、業界の中で最下位ランクだとしても、業界の外の人々を対象にすれば、とてつもないお宝を持っている可能性があるのです。

▼業界の常識にこそ宝物がある

この本を読む前までは、「出版とは、芸能界に入るのと同じくらいに難しいものだ」と、思っていたかもしれません。でもそろそろ「出版は難しくないかも」と思い始めていませんか？

もう1つ、実例を紹介します。

私の著者仲間の一人である川北英貴さん。

銀行員時代の経験をもとに、篠崎啓嗣さんと共著で書いた本が『社長さん！銀行員の言うことをハイハイ聞いてたらあなたの会社、潰されますよ！』（すばる舎）です。

出版を希望する人と話す中で、「そのノウハウ、良いですね」と声をかけることがあります。すると、そんな時、ほとんどの方がこういいます。

「しかし、これは業界の人間なら誰でも知っていることですよ」

これです。

業界では常識。ただ、一般人が知らないノウハウ。そこに宝物があるのです。

川北さんはこういいました。

「この本の内容は銀行員なら誰でも知っているノウハウでしょう。でも、融資を受ける側の人は意外と知らないことが多いのです」と。

▼学生時代のノウハウが本になった

『防衛大で学んだ無敵のチームマネジメント』(日本実業出版社) この本は著者の濱潟好古さんが、防衛大学校時代に学んだ経験が元になっています。つまり、学生の時の経験です。ですから「Dランク以下の人」と表現しても良いでしょう。

さらに、この本の内容は、防衛大を卒業した人なら、誰もが知っているノウハウです。しかし私は、そこに活路を見いだしました。この本がヒットしたおかげで、濱潟さんはその後も次々と出版することに。
・『何があっても必ず結果を出す「防衛大」式最強の仕事』(あさ出版)

・『防衛大流 最強のリーダー』（幻冬舎）
・『防衛大式最強のメンタル』（青春出版）
いずれも、「防衛大」シリーズで出版できたのです。

このように、学生やアルバイトの経験でさえ、出版のネタにできるのです。

常識だって本になる「立ち位置チェンジの法則」

多くの人が業界では単なるプレイヤーです。しかし、立ち位置をチェンジすることで、出版が近づきます。かくいう私も、もともとはセミナー講師を、数回やっていた程度のプレイヤーでした。

それが、「セミナーを開催するためのノウハウを教える先生」という立ち位置にチェンジした瞬間から、ビジネスが一気に拡大しました。

例えば、通常ならただの大学生。ただ、中学生・高校生の家庭教師や塾の講師になれば、「先生」という立ち位置になります。

料理人という職業は、料理をつくるプレイヤーです。ですが、料理教室で教えれば、やはり「先生」という立ち位置になります。

コックさんという立ち位置は、お客さんに「ご来店ありがとうございました」とお礼をいう立場ですが、料理教室の先生という立ち位置になると、受講者から「ありがとうございました」とお礼をいわれる立場に変わります。

エステティシャンなら、単価1万円くらいの施術師ですよね。

しかし、エステを学びたい人に教えるエステスクールの先生になれば、授業料が数十万円になることも考えられます。

つまり、プレイヤーでいる限り、自分のノウハウを、目の前のお客様にだけ提供して、その都度の対価をもらって終わりです。**しかし、先生、講師という立ち位置にチェンジをすることで、ビジネスが一気に広がります。**

教える側になると、世界がかわります。

先生になって、教えているノウハウを本にすると、ビジネスのステージも飛躍するのです。

文章が苦手でも出版できる

あなたがもし、小説を出版しようと思っているのなら、文章を書く才能は必要です。人の感情を動かし、惹きつけて離さない、そんな魅力ある文章を書けないと、小説家としては大成できないでしょう。

ですが、ビジネス書のジャンルでは、文才は特に必要ありません。

むしろ、小説に不可欠な豊かな表現力は、ビジネス書だとかえって邪魔になります。

初めて出版する人の最初の原稿は、たいてい修正だらけです。出版社からすれば、著者の経験や思考、ノウハウが必要なのに、小説のような装飾をした文章を書いたり、熱い想いを延々と語ったりする人が多いからです。

ビジネス書では、ノウハウと実例をコンパクトに伝える力が求められます。

ですから、良い文章でも悪い文章でも、とにかくノウハウと体験談をしっかり書ければ充分です。あとは編集者が読みやすく編集してくれます。


それでも、自分で書くことに不安な方に、おすすめの方法があります。

そうです、プロのライターであるブックライターに執筆を代行してもらうのです。

実は、ビジネス書の3割程度はブックライターが代行して書いたものといわれています。


有名経営者はもちろん、数億円を超える企業の経営者、芸能人の本は、ほとんどブックライターが書いています。主業が忙しいビジネスパーソンは、自分で執筆する労力をかけるより、外注したほうが良いという選択です。

肩書きは著者ですが、やることは、自分のノウハウと経験を一生懸命に話すだけで大丈夫です。

ノウハウや体験を、ライターに話して文章を書いてもらう。合計でだいたい8時間〜10時間のインタビューで1冊が仕上がります。

私としては、本当は最初の1冊程度は自分で書いて、本をつくる苦労と楽しみを味わっていただきたいです。ですが、出版の目的はビジネスへの投資ですから、効率重視で外注するのもありです。とにかく文章に自信は無くても大丈夫。安心してチャレンジしてください。

ノウハウも経験もなくても本を書く方法

「たいしたノウハウを持っていないし、業界の経験も浅いので本など書けません」

こんなふうに自信なさそうにおっしゃる方は多いです。

しかし、それでも出版できます。**私の経験上、誰でも最低1冊の本を書けるだけのものを必ず持っていると断言します。**

1章で紹介したように、私はたいしたノウハウもなく、ほぼ素人の状態で執筆を引き受け、1年後に本を出版しました。

どうやって1冊書けるようになったのかというと、ノウハウが足りないと感じたから、ノウハウを集めました。では、その集め方をお伝えしましょう。

まずは、類書を何冊も読みましょう。

書きたい分野の本を、最低でも10冊読みましょう。

もし100冊読み込んだとしたら、その分野では日本の第一人者レベルになるでしょう。

次に、気に入った本の著者を選んで会いにいきましょう。

著者のホームページを訪問して、セミナーを受講したり、コンサルを直接受けたりすることです。

Facebookの投稿を読んだりメルマガを登録したりするのも良いです。

そして、同業者のセミナーも片っ端から受けましょう。

著者になって業界で有名になってしまうと、同業他社のセミナーには参加しにくくなります。学べるのは有名になる前だけですから、どんどん受講しましょう。

これを半年、1年やったら、本を何冊も書けるくらいのノウハウが集まるはずです。

▼体験や経験の増やし方

業界のノウハウは、業界の誰が語っても同じでしょう。ノウハウだけの本なら他の人も書けます。**そこで、著者独自の経験談や体験談が必要になります。**それが、あなたの本のオリジナルの要素をつくります。

「経験が浅いから書けない」という悩みは、「自分の経験しか書いてはいけない」という思い込みです。

自分が経験したことが少ないなら、他人の体験を使わせてもらっても良いのです。

この本でも、私の体験や経験だけでなく、出版スクールの受講生の体験談や友人の話を多く書いています。

3章

あなただけの出版テーマの探し方

- 一番お金と時間を使ってきたことで書く
- 「誰が読むのか」徹底的に考える
- プロフィールに深い谷と高い山をつくる
- 黒歴史があったらチャンス！しっかりと棚卸しをしよう

今までに時間、お金、情熱を注いできたものは何か？

ここまでは、出版による大きなメリットを話してきました。そして、有名ではない方でも出版ができることも、ご理解頂いたと思います。

次にやることは、どんな本を出版するのか？

それを考える段階です。

「出版したい！　しかし、何をテーマに書いたら良いのかわからない……」

このような方のコンサルをする時に、必ずお伝えすることがあります。

「過去にやってきたことを棚卸ししましょう。あなたの過去には宝物がたくさん埋もれているはずです」

未来のことは本には書けません。

あなたが今まで一番時間を使ったこと。あなたが一番お金を使ったこと。あなたが一

番情熱を注いできたこと。

そのことと、今のビジネスをつなぎ合わせることで、あなただけのコンテンツが生まれます。

▼青い鳥症候群

次のようなケースはとても多いので、紹介します。

人事の仕事を20年間やってきて飽きてしまった。そんな時に、コーチングの勉強をした。コーチングの魅力にはまり、半年間勉強した。その後、コーチとして副業を始めた。副業を始めてから半年で、わずかながらも仕事も取れ始めた。なので、コーチングの本を出したい。

そんなパターンの人がいます。

この場合、現在の情熱はコーチングに向かっているのは確か。でも、せいぜい数人のクライアントをコンサルしただけの経験ですから、ネタ出しをしてもらうと、本が1冊つくれるほどのコンテンツに満たないことがほとんどです。

ただ、この方の人生を棚卸ししてみたら、人事担当者としての長年のキャリアがありました。

そうであれば、人事のノウハウと、コーチングをかけ合わせて、「人事コーチング」のような企画が可能です。

▼資格があるから本を出したいはNG

日本政策金融公庫に25年間勤務し、行政書士の資格を取った方のコンサルをした時も同じでした。

「行政書士になってまだわずかですが、契約書に関する本を書きたい」との相談でした。でも、契約書に関する受注の経験が少なくて、事例をほとんど持っていませんでした。

そこで今までの人生を棚卸しすると、大きな宝物がありました。

日本政策金融公庫に勤務していた時のことを聞くと、「どういう人にお金を貸しているのか？」、「具体的な審査の手順」などのノウハウをたくさんお持ちでした。それはそうでしょう。25年も経験されたのだから。

公庫の仕事を飽きて辞めた彼には、融資の本を書きたいなんて気持ちはあまりありませんでした。しかし、私のコンサルどおりに企画を進めたら、融資に強い行政書士として出版が決まったのです。

▼独立1年目

社労士の資格を取って独立して1年目。だから社労士の本を書きたいという方もいました。こういう場合も、厳しいです。

まだ社労士になってからわずか。クライアントも少なくて、本を書けるだけの情報が足りない。この場合だと、実例で紹介できる情報は、実際に体験したことではなく、ネットに書かれているような二次情報ばかりになるでしょう。

しかし例えば、社労士の資格を半年の勉強で取得したのであれば、「社労士スピード合格法」という形で資格試験合格のための本は書けます。

合格したことは、その人だけの一次情報です。

ですから、資格試験本を書くことは可能です。

この方は、受験に関するノウハウはたくさんお持ちでした。

こうして社労士受験コンサルタントとして、出版にたどり着きました。

黒歴史が本になる

出版スクール生の浜村友和さんの実例を紹介しましょう。

神奈川大学を卒業して入社したドラッグストアチェーンでは、ほとんどがパートや契約社員。ですから、多くの若手正社員は、入社してわずか3年目～5年目で店長に就任します。

彼も、20代半ばで店長になりました。部下は、40代～60代の女性ばかり。しかも、勤務歴20年目、30年目など、ベテランばかりです。

「あの重役の○○さん、まだ入社したての頃は、ひよっこで、失敗ばかりだったのよ。私に今でも頭があがらないなんていうのよ、ハッハッハッ！」

そんな自分のお母さん世代のツワモノ達を、入社4年目でマネジメントしなければいけない状態が始まりました。

最初は苦労の連続です。ところが試行錯誤の末、マネジメントノウハウを身につけました。おかげで優秀な店長として15年勤務しました。

浜村さんの、「年上部下の操縦ノウハウ」を聞いているうちに、私は「本にするならそれだ！」とひらめきました。

小売やサービス業の企業だと、管理職が20代～30代で、部下が50代の女性、というケースも増えてきました。20代にして、お母さんみたいな人達を部下として管理するケースがあるのです。

しかし、出版業界では、年下に教えるマネジメント本ばかりがあふれています。年上を動かすという本はごくわずかでした。

そこで、**年上部下を動かすノウハウをまとめて企画書をつくり、出版社にプレゼンした結果、生まれた本がこれです。**

『どんな年上部下でも一緒に働きたくなる上司のルール』（青春出版社）。

浜村さんは、今では全国のチェーンストアで講演するコンサルタントとして活躍しています。

ですが、彼はもともと、ドラッグストアに15年勤務したという経歴を出し渋っていました。黒歴史だとすら思っていたようです。

でも、隠したいことの中に宝物がありました。

自分が恥ずかしいと思っていること、たいしたことがないということの中にも宝の山があるのです。

あなたが人に伝えたいことはなんですか？

あなたは出版で、何を伝えたいですか？

あなたのコアメッセージが読者に届いた時、読者はあなたのファンになります。

私が伝えたいことは次のことです。


あなたが当たり前にできることを、当たり前にできない人が多くいます。そして、世の中には、それを知らなくて困っている人もたくさんいるのです。

ですから、困っている人を助けるために、あなたのノウハウを本にして世の中に広めましょう！


すでにいくつかご紹介してきました。

・「どんな基準で融資を決定するのか」は、銀行勤務の人にとっては当たり前。でも一般の人にはあまり知られていない。

・チェーンストアの店長にとっては「自分の母親くらいの年齢の女性をマネジメントする方法」は、毎日のことだから当たり前。でも、一般の人には見当もつかないこと。

このように、「あなたの業界の当たり前」を知らずに困っている人は、世の中にたくさんいます。あなたが今までの人生で体験してきたことを、ほしがっている人はたくさんいます。

あなたと、困っている人の間に架け橋をつくるのが、本の重要な役割です。

あなたが助けたい人はどんな人？　想定読者は誰？

本を書きたいという人に、一番初めにする質問はこれです。

「その本は誰が読みますか？」

すると、意外にもはっきりと答えられない方が大多数です。想定読者が不明瞭なのです。

また、答えが「スパッ」と出たかと思うと、「20代～60代までの男性です！」という答えが返ってきます。

それでは、対象が広すぎます。

出版したら、誰が読んでくれるのか？

誰に何を伝えたいのか？

そこを最初に明確にすることが必要です。

対象が、「45歳のビジネスパーソン、中間管理職、マネジメントで悩んでいる人」というくらいに明確にしましょう。

先程紹介した、『どんな年上部下でも一緒に働きたくなる上司のルール』（青春出版社）の場合なら、「20代・30代の小売業やサービス業の若手管理職」が想定読者です。

私の書籍『コンサルタントになっていきなり年収650万円を稼ぐ法』の想定読者は次の通りです。

ターゲット
「年齢30歳～45歳男性。真面目な人。偏差値60くらいの大学を卒業し、士業の資格を取得した。でも独立に足踏みしているか、士業として独立したけどれも、うまくいっていない」

目的
「セミナーは集客のためにおこなう」ことを伝えること
「コンサルタントはどうすれば稼げる」のかを伝えること
「コンサルタントで成功するなら出版が近道だ」ということを伝えること

「年齢30歳～45歳男性。真面目な人。偏差値60くらいの大学を卒業し、士業の資格を取得した。でも独立に足踏みしているか、士業として独立しているが、うまくいっていない」

このように、かなり絞り込んだ読者の設定をして、執筆しました。

そして、特に士業をしている人に、

・集客のためにセミナーをやる
・コンサルタントの稼ぎ方
・コンサルタントとしてしっかりと稼いでいくなら出版が近道である

ということを伝えたくて書きました。

あなたが伝えたいことを待っている人は

誰ですか？　どんなことで悩んでいる人・困っている人ですか？　これらを明確にすることが、出版の軸になっていきます。

本をよく読む層とは？

学歴があって資格取得をした人や、勉強熱心な人達は、本を読むのが当たり前です。活字のビジネス書は、どちらかといえばホワイトカラーの層を対象にするべきです。

逆に、肉体労働系、主婦、フリーター、高齢者は本をあまり読まない層です。このような層を対象にしたビジネス書は出版社の企画会議を通りにくいです。

しかし、本を読まない層にあなたのノウハウを届ける方法がないわけではありません。

1つは、漫画を使う方法です。

本の中で一部漫画を使って表現したり、全て漫画にして原作を担当したりすることで、あなたのノウハウを届けることも可能です。

▼売れる層は？

入社1年目向けの本は、出版会議に通りにくい企画です。

しかし売れないわけではありません。この層をターゲットにした本は、毎年3月～5月によく売れます。入社したばかりの時は、やる気があるからです。しかし、その後はあまり売れません。

それに比べて、中間管理職向けの本は、コンスタントに売れるので、企画が通りやすいです。

主婦向けの本を出したいという希望者も多いです。でも残念ながら、主婦向けの本も売りにくいです。主婦は本を読む層ではないのです。もちろん方法がないわけではありません。

突破するには、新しい切り口をつくることです。

新型コロナウイルスの影響で、おうちごはんを楽しみたい人が増え、料理本がとても売れました。といっても、大きなコンセプトの本はそれほど売れず、ニッチな本だけが売れています。

例えば、「パンの本」は、いまいちの売れ行きです。
でも、「ホットサンド専用の本」はヒットしました。とてもニッチな本です。

また「炊飯ジャーだけでつくる」というコンセプトの料理本もヒットしました。コンロを使わず、炊飯ジャーや電子レンジだけでできるレシピ集です。とてもニッチな切り口で出版したことが、ヒットの理由です。

紹介した2つの実例がヒットした原因は、もう1つあります。
手軽で簡単だということです。手軽さで大ヒットした本の代表例といえばこちら。
『バンド1本でやせる！巻くだけダイエット（骨格矯正バンド付き）』（山本千尋著　幻冬舎）です。この、ゴムバンドを腰に巻くだけでダイエットができるというコンセプトは、テレビでもひっきりなしに取り上げられてとても話題になり、200万部超えの大ヒットとなりました。

あなたが出したいジャンルがあるのなら、細分化していくことです。

例えば、「話し方の本」はテーマが大きすぎて、企画が通りません。

ですが、「超雑談の本」「1分で話せ」「言い換え図鑑」「語彙力」など、細分化したものがよく売れています。

あなたの出したいテーマがあるのなら、細分化してみてください。

その中で、出版業界で目新しい組み合わせができれば、出版はとても近いものになります。

極端からヒットは生まれる！　新しい切り口のつくり方！

「なぜあの人は、エリート東大卒で成功できたのか？」

「なぜあの美味しいラーメン屋が人気なのか？」

こんなタイトルの本があったとしたらどう思いますか？

「そりゃそうでしょ、日本一の大学を卒業したエリートなら、何をやっても成功するんじゃないの？」

「美味しいラーメン屋なら、人気が出て当然でしょ？」

このように、常識的なことや当たり前のことを書いても、読者には振り向いてもらえません。そもそも、出版社の企画会議を通りません。

企画会議を通すには、新しい切り口が必要です。**新しい切り口とは、「一般的でないこと、非常識なこと」をさします。**

こういったタイトルの本だったらどうでしょう？

「なぜあの人は中卒なのに成功できたのか？」

「なぜあのマズいラーメン屋が大人気なのか？」

いかがですか？　どんな秘密が隠されているのか、気になってきますよね。

永松茂久さんの『人は話し方が9割』（すばる舎）という本が大ヒットしました。2021年7月現在70万部超えだそうです。

もし、『話し方が5割くらい』というタイトルであったなら売れなかったでしょう。

極端な切り口が、人の興味を惹くのです。

「○○は1分でよくなる」、「1分間○○法」などのタイトルも大ヒットしています。

これらのタイトルは、**極端すぎて現実離れしているからこそ、読みたくなります。**

「はじめに」でも書いたドラゴン桜というドラマでは、偏差値37の高校で、「東大を目指せ！」「バカとブスほど東大へ行け！」という極端な設定が面白いポイントです。偏差値50の高校で、「日大を目指せ！」じゃ、ドラマになりません。

山田真哉さんの『さおだけ屋はなぜ潰れないのか？～身近な疑問からはじめる会計学～』（光文社新書）もベストセラーになりました。

タイトルの前半部分からは、何の本か全くわかりません。さおだけ屋と会計がどうつながるのか興味を惹きますよね。

このように極端な切り口にはパワーがあるのです。

▼ギャップをつくれ

『ドラゴン桜』と同じように、学年ビリで金髪のギャルが慶應義塾大学に現役合格した話なら、どんな勉強法があるのか読みたくなります。ギャップがパワーを生み出します。

自由民主党衆議院議員の義家弘介さん。彼は、元々は不良で問題の多い生徒でした。その彼が、母校で教鞭を取るようになり、そのことを本にしたのが、『ヤンキー母校に生きる』（文藝春秋）です。

もし、タイトルが、『真面目な青年、母校に生きる』だったとしたらどうでしょう？面白味が1つもなく、本を手にする人はいないでしょう。

ギャップといえば、著者の大平光代さん。

14歳で暴走族、その後に暴力団の世界へ。16歳の時、組の人間に認めてもらいたいという思いから、刺青を入れ、その年に組長と結婚。20代で組を抜け、29歳の時に最難関の司法試験を受験。1年間の猛勉強の末、一発合格。

その波乱の半生を描いた自伝『だから、あなたも生きぬいて』（講談社）は、260万部を超えるミリオンセラーになりました。

教師も弁護士も、子供の頃から真面目で優秀で品行方正な人が就く職業というイメージがあります。真面目で優秀、品行方正だった少年・少女が教師や弁護士になったとしたら、当たり前すぎてストーリーになりません。

「弁護士や教師は真面目」というイメージと、「不良」、「ヤンキー」、「極道の妻」というキーワードは、対極になります。

対極の組み合わせが、とても強いインパクトを生み出します。そんなギャップが意外性をつくり、売れるのです。

全てはプロフィールづくりから始まる

出版社に著者として選んでもらうためには、３つのポイントがあります。

1　コンテンツ・内容が、トレンドに合っているか、市場にニーズはあるのか？

コンテンツは素晴らしい。でも、流行遅れだと選んでもらえません。

今、どんなものが売れているのか？　市場のトレンドに合っているのか？　などを見て、出版が決定されます。

2　切り口は新しいのか？

コンテンツが素晴らしくて、市場にニーズもある。
でも、切り口が古いと、選んでもらえません。

3　出版するに値する著者プロフィールか？

コンテンツもニーズも切り口も素晴らしい。でも、「この著者のプロフィールは、この本にふさわしくないのでは？　この人に書いてもらう必要があるのか？」という場合があります。そう判断されると、同じコンテンツを書けそうで、その本にふさわしいプロフィールを持っている人に、編集者は執筆の依頼をします。

▼プロフィールで大事なもの

プロフィールには、そのテーマで本を書くにふさわしい「実績」「数字」を盛り込む必要があります。

次のようなプロフィールだと選んでもらえません。

・遺言書の本を書きたい。それにも関わらず、「遺言書の実績」をプロフィールに書いていない。
・話し方の本を書きたい。なのに、プロフィールにセミナー講師や話し方コンサルタントなど、話し方を教えた実績が記載されていない。

このようなプロフィールだと、他の実績がある人に出版の話がいってしまいます。

プロフィールは、あなたが専門家として充分な実績があることを伝えるアイテムです。

プロフィールを磨き上げることで、出版への道が大きく近づきます。

プロフィールは山と谷をつくれ

前述した出版したことで時給が111倍になったMさん。彼は進学校を卒業後すぐにギターを抱えて青森から上京しました。

その時点で、すでに面白いと思いませんか。

中途半端な大学を卒業するくらいなら、高卒でギタリストを目指していた方がよほどインパクトがあります。

本というのは、いろんな人が読みますが、どん底の状態の人が悩みを解消したくて読むケースが多いでしょう。

すると「ダメだった自分がこうやって成功した」という内容が、今、とても厳しい状態にある人にとっては、身近に感じられます。

だから、「はじめに」、「まえがき」では、ダメだった頃の自分を書くパターンが多いのです。それは、読者に寄り添うためです。

子供の頃から秀才。
大きな挫折もありません。
東大を出て、今はエリート会社員として活躍しています。
そのノウハウをお伝えしましょう。

これだと、再現性も面白味もありません。**再現性がない本は、「それはあなただからできたのでしょ」と出版社に一蹴されて終わりです。**

それに比べて、「高卒で43歳の時にリストラにあって、時給９００円の生活をしていた人が、27冊の本の著者になった！」という話はどうですか？

「それよりは、今の私の方がまだマシ。自分もできるかもしれない」と思う人は多いでしょう。


プロフィールには山と谷が必要です。


谷の中の谷。どん底でもがいていた時代。そんな時に、あるノウハウ、スキルを見つけた。それを使って、どん底から脱出した。

その後、人もうらやむような山を体験！　そのノウハウを一人でも多くの人に伝えたい！

これがプロフィールの王道ストーリーです。

あなたの山と谷が、他人を勇気づけるきっかけになるのです。

私、松尾昭仁のプロフィール

私の高校時代は、ヤンキーでもなかったし、いじめられっ子でもなく、とても平凡で無気力な人間でした。

入学した私立高校は、現在では偏差値の高い進学校。しかし、当時は、公立の進学高に行けなかった人の滑り止め校でした。

私は受験を失敗して入学したという負い目もあり、「大学こそはリベンジ！」と、早稲田大学を目指しました。

でもまたまた受験失敗。「どうしても早稲田大学に行きたい！」と親にお願いして浪人生活に。しかし、3回目（つまり二浪時）の受験も失敗。

親は「三浪しても良い。行きたいところを目指しなさい」といってくれました。

悩んだ結果、親に頭を下げ滑り止めだった都内の中堅私立大学に入学しました。

しかし、ほとんど授業には出ませんでした。

私がたまに大学に行くとクラスのみんなが、

「今日は試験あったっけ？」

そういわれるほど、授業を受けない大学生だったのです。

では、何をしていたかというと、企業にキャンペーンガールを派遣する会社でアルバイトをしていました。なぜそこに決めたか？　それは、「女性の多い華やかな職場で働きたい」というモチベーションでした。

どこでアルバイトをしたら一番華やかか？　そればかりを考えていた時に、ある求人を見かけました。

「キャンペーンガール募集！　六本木へ！」という広告を見た瞬間にひらめきました。

「これだ！　キャンペーンガールを派遣する立場になったら面白い！」

勇んで会場へ。すると係の人からいわれました。

「今日の登録会は、女子だけだよ」

そこで私はこう答えました。

「はい、知っています。しかし、御社の仕事だと、男手も必要じゃないですか」と。

すると、「ちょっと待ってて」といわれ、しばらくすると上司らしき人がきて、すぐに面談となりました。

「今、何をやっているの？」

「はい、大学生です。これ履歴書です」

しばらく質問に答えていたら、即断即決してくれました。

「じゃあ、今日から働いて。あっちの机に座って、女性の履歴書を見ながら、良さそうな人がいたら選んで教えて」

なんと、その日からキャンペーンガールの採用担当者になったのです。

▼学校より部活っぽい職場

アルバイトをするうちに、会社に寝泊まりする毎日になりました。

おかげで学生なのに月収18万円（今から30年以上前）。サークルみたいなノリで、とても毎日が楽しかったです。

派遣会社のスタッフとして、社会を学びました。

「大企業の明治とかグリコでも、キャンペーンなどで数百円の商品をたくさん売ることでビジネスが成り立っているんだなぁ」とか、かわいい女の子を派遣したら企業に喜ばれるのかと思ったら、それよりも、「しっかり時間通りにきて、まじめに働く人の方がニーズがある」など。


私が今やっているビジネスモデルの基本は、そのアルバイトの頃に学んだものも多くあります。

それまでは、商品を作ったり、自分で汗水流して働かないと仕事ではないと思っていたりしました。

でも、当時の派遣会社は、企業から日給1万5000円で受けて、1万円で仕事をしてくれる女性を紹介する仕事でした。つまり、差分で利益を上げるビジネスだったのです。

そこから企業に売り込む営業力と、人を集める集客力があれば、自ら働かなくても儲かることを知りました。

人材を探している企業を見つけ、仕事をしたい人を見つけて、一度企業に人材を紹介したら、その人が働いてくれる限り、利益が入り続ける仕組み。

そんなビジネススキームを大学時代のアルバイトから学んだのでした。

▼私の黒歴史……ギャンブルに狂った10年

実は私には黒歴史があります。

大学卒業後に入社した会社が合わずに、2年で退社。することがなく、月曜日から金曜日は毎日パチンコ通い。さらに、土日は中央競馬です。

さすがにこのままではいけないと、27歳で父が経営する建設会社に入社。

長男で跡取りを期待されていたのもあり、部長待遇で40万円の月給でした。

そして、29歳で結婚しましたが、それでもパチンコと週末の競馬はやめられない。

▼長女のひとこと

しかし、ある時、転機が訪れました。私が35歳で、長女が5歳の時です。

「パパは何のお仕事をやっているの？　楽しい？」

言葉に詰まりました。

「おじいちゃんの会社で雇ってもらっているよ。やりがいもないからパチンコで気を紛らわしている……」などとは、口が裂けてもいえませんでした。


その時に思ったのです。

「このままじゃダメだ！　変わらなきゃ！」と。

取締役営業部長で、充分な給料をもらっている社長の跡取り息子。周りは気をつかってくれる。居心地は悪くない。だから、このまま会社に居ては甘え続けてしまう。環境を変えるしかないと、会社を辞めることを決意。人生が大きく変わりだした瞬間でした。

▼出版で人生が大激変

実は父の会社を退職したことを妻には内緒にしていましたが、1カ月後にバレてしまいました。

「なんでいってくれなかったの！」

「話したら絶対反対しただろう」

「これからどうすんの？」

「今まで以上のお金を家に入れるから、少しの間だけ我慢してくれ」

そんな宣言をしたおかげで、自ら「退路を絶つ」状態に。

妻と約束した目標金額もあり、精神的に追い詰められて、人生で初めてビジネス書を読み漁りました。

そして、ビジネス書を読んで初めて、父の仕事が理解できました。

「この著者が書いていることは、父の会社でやっていることばかりだ」

当時は父に対しての反抗心も強く、「あの父が何億円と売り上げているなら、自分もそれくらいやれるはず！」という、根拠のない自信だけはあったのです。

▼Sさんとの出会い

そんな時に、行政書士で起業コンサルタントのSさんを出版している本から知り、彼のセミナーに参加して、直接質問をしました。

「どうやったら先生みたいになれますか？」

そんな不躾な質問に、Sさんは丁寧に答えてくれました。

「セミナーをやったら良いですよ。メルマガを出して、ゆくゆくは出版したら良いです」

その後もしつこく質問をして、細かいところまで教えてもらいました。

そして、見よう見まねでマーケティングセミナーを開催しました。その後、セミナーを3回ほどやっていると、参加者の税理士のお客さんから、「セミナーを開催するノウハウを教えるセミナーをやってほしい」と要望されたのです。

そこで、「セミナー講師になるためのセミナー」を、初めて主催。

講師としては、トータル8回くらいセミナーをやっていたある日、1通のメールが届きました。「松尾さんのセミナー・ノウハウを1冊の本にして出版しませんか？　もちろん商業出版です」と。

退路を断ち、もがき苦しんでいた自分に、大きな稲妻が走った瞬間でした。

「このチャンスを絶対摑まなくては！」

それから1年後、38歳で著者デビューしたのです。

▼過去の棚卸し

私の体験を赤裸々に書きました。

「思い出したくない」「恥ずかしい」「隠しておきたい」という葛藤の中にこそ宝があることをわかってほしくて参考になればと思い書きました。

私の黒歴史を読んで、あなたはどう思いましたか？

「こんな人の本なんか読みたくない！」と感じた方もいらっしゃるかもしれません。

ただこの話をすると、「面白い。親近感が持てた」とおっしゃってくれる方も多い。

プロフィールは就職活動の履歴書のように、良いところしか書かない人がいます。しかし、悪い部分、弱い部分を見せることで、人間味を出すことができるのです。

出版は、真面目な人を採用したい企業相手の就活とは違います。企業はリスクを避けたいので、真面目な人を探します。でも、出版の世界では、完全無欠の主人公は人気がないのです。

弱点をさらけ出した方が良い場合もあるのです。

ブラック企業にいたことが武器になる!

出版スクール生の小嶋康之さんも、黒歴史を隠したい人の1人でした。

父親が、飲む・打つ・買うの三拍子。500万円の借金をつくって蒸発したそうです。

おかげで、高校時代からアルバイト漬けの毎日。

高校は卒業したものの、普通の会社では借金が返せないので、高額な給料の会社を探して入社。

ですがその会社は、ブラック企業でした。

手のひらと受話器をガムテープでぐるぐる巻いて、電話営業をさせられたのです。

少しでもボーッとしたり、さぼっていると灰皿が飛んでくる。成績が悪いと、みんなの前で罵倒されます。

それでも小嶋さんは、他の社員とは、背負っているものが違います。

入社2カ月目でチームリーダーに異例の昇格。受話器を置いて休めない、過酷な環境の中で、営業力を磨き上げていきました。

その過酷な仕事の中で、購入しやすい人を見分ける7つの方法を体系化しました。

ある職種の人には、なれなれしく営業する、ある職種の人には、とても丁寧に営業する、など様々なコツを身につけました。


その後、転職。パソコン教室の大手企業です。

しかし、収入は半減しました。お小遣いが少なく、とても不自由な生活になってしまい、収入を上げるために私のセミナーにやってきました。


現状を変えたくて出版スクールに参加した当初は、マネジメントの本を書きたいと本人は考えていました。

しかし、経歴を聞けば聞くほど、ブラック企業での経験を封印するにはあまりにももったいないと、私は思ったのです。

彼としては一生封印したい過去だったようですが、逆にブラック企業での経験を全面に押し出した企画書が、見事に出版を勝ち取ったのです。

それが『ブラック企業の営業術――クリーンにしてホワイト企業で使ったら1100人をゴボウ抜き』（こう書房）です。

恥ずかしくて人にいえなかった過去が、今は彼の大きな財産です。

自分の弱さが強みになったのです。

4章

出版のキモ!
企画書の書き方

- 出版社はあなたの企画に300万円投資する。そのためのプレゼン資料が企画書
- 出版企画書はワードでA4・1枚～3枚がベスト
- 自分の本が、書店のどの棚に並ぶのか意識しよう
- 意義のあることを探すのではなく、類書との違いを探そう!

出版企画書は投資のためのプレゼン資料

もしあなたの友人の知り合いに、出版社の編集者がいたとします。その友人に、編集者につないでくれるようにお願いすると、必ずいわれることがあります。

「会う前に、出版企画書を送ってほしい」

編集者は、締切りに追われて忙しい人ばかりです。
ですから、企画書である程度興味を持った人しか会ってはくれません。
商業出版できるかどうかは、まずは企画書次第といっても良いでしょう。

出版企画書の書き方を知らない人は、読者に向けて企画書をつくってしまいます。
しかし出版企画書は、出版社の社内で行われる、企画決定会議を通すためのものです。
多くの出版社は、社長が同席する会議で、出版するかどうかを決めます。
また書店回りをして、今何が売れているのか、何が売れていないかを肌で感じている営業部も、大きな影響力を持ちます。

1タイトル出版するということは、300万円程度のお金をその企画に投資するということです。

ですから、編集者はもちろん、社長、営業部の人に、「この企画は300万円を投資する価値ある内容だ」と、納得してもらうためのプレゼン資料が、出版企画書なのです。

あなたが、どれだけ社会的意義を感じて出版したくても、売れる見込みが立たないと通りません。出版社の基準はたった1つ「その本が売れるかどうか？」なのです。

そのため、出版社の経営者と、書店営業をしている営業部の社員に向けた企画書をつくるイメージで書く必要があるのです。

企画書は何ページでつくる？ 編集者の視点を考えよう

プレゼン資料というと、パワポで何ページも用意する人がいます。

ですが、出版企画書は、たくさん書けば良いわけではありません。

とにかく編集者は忙しい。長い文章や、何ページにもわたる企画書は編集者の見る気を奪います。

出版企画書は、ワードでA4の紙3枚程度。

私の知り合いの編集者に聞いた話ですが、過去最高で120枚の企画書及びサンプル原稿を持ち込まれたことがあるそうです。

内訳は、30枚の企画書と、90枚のサンプル原稿。数分間ほど眺めて、結局要点がわからず、検討することをやめたそうです。

また、編集者はサンプル原稿をたくさんもらっても、プレッシャーしか感じないといいます。そういった原稿は、著者の想いをつづったひとりよがりのものがほとんどだと。

多くの編集者は、自分の編集力で、素材を料理したいと思っています。

たくさんサンプル原稿があったり、最初から1冊分の原稿があったりすると、「自分が編集しなくても良いよね」となるそうです。

▼編集者の視点

編集者に聞いてみました。

彼らがまず考えることは、「書店のどの棚で売られる本なのか？」だそうです。

あなたが書きたい本の類書は、書店のどこの棚に置かれていますか？

ちゃんと、大手書店のビジネス書コーナーに置かれていますか？

また、コミュニケーションの棚、営業本の棚、自己啓発の棚、経営の棚など細分化されています。あなたの書きたい本が、どれにも当てはまっていない、もしくは他の階の専門書コーナーにひっそりと置かれる本だとアウトです。

市場が一気に狭くなるから、編集者が企画会議にその企画を提出できないのです。

タイトルは企画の命

出版企画書は、編集者へのラブレターです。

ラブレターを送る時には、相手の興味や好みを調べて、それに合わせた文章を書くはずです。

ですが、男性編集者相手に、次のような企画を出してしまう人がいます。

「時短料理の本」「美容本」「主婦の節約」「ネイル本」などです。こういった企画を男性編集者に持っていっても、ほとんどは興味をもってもらえません。

企画書を送った瞬間に、まずはタイトルだけで判断されます。届いたメールのファイル名が、上記の様なものだったとしたら、ほとんどの男性編集者は、そのファイルを開かないまま、放ったらかしにするでしょう。

ですから、自分の企画を好みそうな編集者を見つけることです。

また、編集者の好みを調べて、それに合った企画を出すことも必要です。

▼タイトルは具体的に

企画書を読んでもらうには、本の内容がすぐにわかるタイトルでないといけません。

抽象的、概念的なタイトルではダメです。

抽象的なタイトルでも売れた本はあります。代表例では、稲盛和夫さんの本が有名です。

『生き方』（サンマーク出版）
『心。』（サンマーク出版）

このように、最も抽象度が高い言葉だけを、タイトルにしています。サブタイトルすらありません。私が知る限り、大ヒットした本の中で、これほどまでに抽象度が高く、シンプルなタイトルの本は他にありません。

これは、絶大な数のファンがいる稲盛さんならではの、特殊な例です。我々が、このようなタイトルをつけた企画書を出せば企画は１００％通らないでしょう。

私の書いた『コンサルタントになっていきなり年収６５０万円を稼ぐ法』を例に説明します。

タイトルを読んだだけで、誰向けの本で、どんな内容が書いているのかが一目瞭然です。

「いきなりお金持ちになる法」ではなく、「年収６５０万円を稼ぐ法」としていて、具的な数値も入っています。

これがもし『いきなり年収1億円を稼ぐ法』だったとしたら、全くリアリティがなくなります。

『いきなり年収1000万円を稼ぐ法』でも、日本の平均年収を考えると、難しいです。書店のどの棚に置かれるかわかるタイトルにすること。そして、読者にとって手が届きそうな具体的な数字が、タイトルには必要なのです。

▼誰が書いたのか？

また、タイトルで、「誰が書いたのか」がわかることも重要です。

以下の本はいずれも、誰が書いた本なのか、ひと目でわかります。

『銀行員だけが知っているお金を増やすしくみ』（長岐 隆弘著　集英社）

職業には特定のイメージがあります。銀行員なら、ルーズ、貧乏、大雑把というイメージはないでしょう。成績優秀なエリートで、金融に詳しく、しっかりと貯蓄していてお金には困らないイメージがあります。

タイトルからも、銀行員しか知らない、お金を増やす情報があるように感じさせます。

『ブラック企業の営業術』（小嶋康之著　こう書房）

営業職は、それが好きでやっている人よりは、他に選択肢がなく、つらい思いをして続けている人が多い。なによりも、与えられるノルマが人を苦しめる。

ブラック企業に勤務していた人が書いた本なら、きれいごとではなく、結果をだすためにショートカットできるノウハウがありそうなイメージが伝わります。この本の帯には「えげつない営業術」とあるので、えげつないとは具体的にどんなものか、とても好奇心がそそられます。

『官僚に学ぶ仕事術』（久保田崇著　毎日コミュニケーションズ）

官僚といえば、日本のスーパーエリートというイメージ。著者の久保田さんに勤務時間を訪ねたら、「9時5時です」と。「え？　ずいぶん早く帰れるんだね」といったら、「国会の開催中は、朝9時から翌日の朝5時まで仕事です。そんな忙しい中で、どうやって仕事をこなしていくか、考えてたどり着いたノウハウがいろいろあります」といわれました。

京都大学を卒業後、内閣府のキャリア官僚で入省した彼ならではの仕事術は、とても評判がよく、大ヒットになりました。

このように、誰が書いた本で、何を書いた内容なのかが一目瞭然だと、本としてのフックが強くなります。

『誰にでもできる「セミナー講師」になって稼ぐ法』これは私のデビュー作ですが、属性が「セミナー講師」だと一発でわかります。セミナーをやって稼ぎたい人には、フックがかかります。

著者のプロフィールが強く、特定のイメージを与える肩書きがあれば、それを使用します。

例えば、「銀行員」「官僚」「医師」といった肩書きは、職業に対する良いイメージを利用できます。

人を惹き付ける4つのタイトルとは

編集者の心を惹き付けるためのタイトルは、次の４つが考えられます。

①体系的なノウハウがありそうなパターン

「～の技術」、「～の法」「～の方法」、「～のルール」、「～の鉄則」、「～の本」「～の法則」、「～のコツ」などは、体系化されたノウハウがあることを感じさせます。

コツを知ることで、悩みを最短で解消したい読者にとって、とても強いタイトルになります。

私の本でも、このパターンのタイトルが一番多く、10冊を超えています。

以下、私の本です。

『通す力――GOサインを得るコツ55』（自由国民社）

『コンサルタントになっていきなり年収650万円を稼ぐ法』（集英社）

『「稼ぐ力」が身につく大人の勉強法　仕事ができるヤツにガリ勉はいない！』（ダイヤモン

ド社)
『小さな会社の頭のいい社長がやっている「仕掛け営業術」』(源)
『「その他大勢」から一瞬で抜け出す技術　過小評価されているあなたを救うスピード・ブランディング』(日本実業出版社)
『部下が育てば上司が得する!教え方の鉄則』(マガジンハウス)
『1分間「仕事術」:この1冊でムリ、ムダがなくなる』(三笠書房)
『セミナー講師になって稼ぐ方法【実践編】営業しないで売れる!優良顧客をつかめる!』(グラフ社)
『いつも仕事に追われている上司のための部下を動かす教え方』(日本実業出版社)
『戦略的クビにならない技術 会社はあなたのココを見ている』(すばる舎)
『土日社長になっていきなり年収+96万円稼ぐ法』(角川フォレスタ)
『人とお金をどんどん引きつける35歳からのルール』(青春出版社)

②簡単そうなパターン

「読むだけ」「見るだけ」「聞くだけ」「書くだけ」など「○○だけ」と読者のハードルを下げるタイトルの本も多いです。

『巻くだけダイエット』はシリーズで200万部を突破する大ヒットになりました。

「～だけ」というのは、とても訴求力があります。

③時間短縮ができそうなパターン

神田昌典さんの本、『あなたの会社が90日で儲かる』（フォレスト出版）が出版された20年前くらいから、タイトルに日数を使った本が増えました。

最近は表記される期間がどんどん短くなり、「3分」「1分」「3秒」「1秒」と、時間を使った本が多く出版されています。ベネフィットがわかりやすいので、訴求力が強いタイトルとなります。

④比較パターン

『金持ち父さん　貧乏父さん』（ロバート・キヨサキ著　白根 美保子訳　筑摩書房）の大ヒット以降、売れるタイトルの定番になっているのが、この比較パターンです。

私の本でも、次の3冊がこのパターンです。


『1万人を見てわかった起業して食える人・食えない人』（日本実業出版社）

『1万2000人を見てわかった！ お金に困らない人、困る人』（集英社）
『稼ぎ続ける人の話し方 ずっと貧乏な人の話し方』（青春出版社）

ここまで4つのパターンを紹介しました。

他にもタイトルのパターンはありますが、どれが良いのかと聞かれても、一概にいえません。

なぜなら、著者のプロフィールの強さ、本を読む読者層、ジャンル、出版社のカラー、編集者の好みなどに合わせる必要があるからです。

タイトル周り

タイトルをつけたら、サブタイトルと、キャッチコピーも考えます。

この3点をまとめて私は「タイトル周り」と呼びます。

『コンサルタントになっていきなり年収650万円を稼ぐ法』の帯には、「**資格なし、経験無し、オフィスなしでも大丈夫！**」というキャッチコピーをつけました。コンサルタントになるには、高度な専門知識や、経験がないとなれないというイメージがあります。でもそんな専門的な知識も経験もいらないし、事務所がなくてもできる仕事がコンサルタントだと伝えるために、このようなキャッチコピーをつけました。

おかげでこの本は、私の25冊の中でも、ベスト3に入る売れた1冊になりました。出版について書いた私の前作は『完全決定版 誰でもビジネス書の著者になれる！ 出版の教科書』（秀和システム）です。

タイトルには、「完全決定版」と「教科書」という言葉を使いました。この2つの言葉には、様々に散らばっている情報を一つにまとめあげたという意味をもたせています。

また、キャッチコピーは、

「あの80万円の高額講座が本になった！」

「アイデアとノウハウがあれば　あなたもいきなり本屋デビューできる」

です。

「あの80万円の高額講座」というフレーズには、すでに知名度があり、価値の高い情

タイトル

「完全決定版」・「教科書」
→様々に散らばっている情報を一つにまとめた

キャッチコピー

「あの80万円の高額講座が本になった!」
→すでに知名度が高い

「アイデアとノウハウがあれば　あなたもいきなり本屋デビューできる」
→専門家でなくても大丈夫!

報だということを伝えています。出版に興味がある人なら知識欲を刺激されて、検索したくなる人も多いはず。

また、専門家でなくても偉い人でなくてもアイデア、ノウハウさえあれば、誰でも出版できることを伝えています。

タイトルだけでは伝えきれない部分を補完するのが、サブタイトルや、キャッチコピーの役割です。

なぜ今この本を出版するのか答えられますか？

編集者には、今の時代に合ったテーマが喜ばれます。

新型コロナウイルスが蔓延してからは、テレワーク関連の本がたくさん出版されました。

本を読むと、書いてあるコンテンツは、昔から知られている仕事術ばかり。

でも、使い古されたコンテンツでも、新しいツールZOOMの活用方法などを組み合わせると、本になるという典型例です。


コロナ禍なら、「コロナ時代の○○」などという切り口なら、企画が通りやすい。今までのノウハウに、最新ツールの活用法を組み合わせれば、「コロナ時代の仕事術」「コロナ時代のコミュニケーション術」「コロナ時代の婚活術」などの企画は、出版に至りやすいでしょう。

また、発刊時期も大事です。

4月、5月は、新入社員向けや、社内で異動があるため、課長向け、営業マン向けの本がよく売れます。

4月、5月に出版する場合、逆算していくと、1月には原稿を全部書きあげる必要があります。執筆に半年かけるとしたら、前の年の6月には執筆をスタートする、というスケジュールになります。

株価3万円あたりの高値の時期なら、株の本は企画が通りやすいでしょう。仮想通貨の本を通したいなら、仮想通貨があがったタイミングで、会議にかけてもらえればベストです。

2021年には、介護法が大きく変わりました。この法律改正に合わせたタイミングの本は、関係者には絶好の機会でしょう。

「自分の本は、なぜ今出版すべきなのか」を、企画書に書く必要があります。その理由がしっかりしていれば、出版の可能性が高まるでしょう。

誰がこの本を読むのか？　対象を狙い撃ちしよう

誰があなたの本を読むのでしょうか？　その読者は、どんな悩みを抱えているのでしょう？　読者の悩みを、徹底的に掘り下げることが出版への近道です。

友人の著者、松橋良紀さんは、コミュニケーションセミナーを10年以上開催していて、たくさんの悩み相談を聞いてきました。その中で、もっとも多い悩みは、「初対面で何を話したらいいかわからない」というものでした。そこで、その悩みをそのままタイトルに入れたのがこの本です。

『何を話したらいいかわからない人のための雑談のルール』（中経出版）

この本は9万部を超える大ヒットになりました。悩んでいる対象を絞ったタイトルは、とても効果的です。

私の『コンサルタントになっていきなり年収650万円を稼ぐ法』も同じです。対象はひと目でわかると思いますが、この本は「コンサルタントになりたい人」と、「年収を650万円以上稼ぎたい人」が対象です。

そういった人は誰でしょうか？

まだ、しっかりと稼げていない士業やファイナンシャルプランナーをやっている方です。またはコンサル業をしているのに稼げていない人です。

頑張っているのにうまくいかない人達に、コンサルタントとして稼ぐ方法を教えてあげたいというのがきっかけで、この本は生まれました。

ちなみに、私が士業をターゲットにしているのは、勉強を常にしている人達だからです。大人になっても勉強を続けている人が、本を読んでくれるコア層です。

一般の多くのビジネスパーソンがターゲットではないので、10万部の大ヒットにはなりにくい。しかし、確実に売れるのです。

先ほど紹介した松橋さんの9万部の本は、コミュニケーションが苦手な人が気軽に読めるので、普段、本を買わない人達も買ってくれたそうです。

引き続き、『コンサルタントになっていきなり年収650万円を稼ぐ法』の例です。

この本は、士業の方をターゲットにしましたが、会社員を辞めたい人も、実はターゲットになりました。

「会社をいつか辞めたい。辞めるなら今の給料は維持したい。年収650万円あれば、独立してもやっていける」

そんなニーズにも応える本にしました。

類書をさがせ

出版社は、類書があるかどうかを、とても気にします。やはり、営業部が知りたいそうです。

「これは誰も書いてない本です！」と、熱く語る方がいます。しかし、誰も書いていない本だと強調するのは、出版社には逆効果です。

「誰も書いたことがない本」だとアピールする企画書に対して、出版社の営業部はこのように思います。

「売れなかったから類書がないのかもしれない……」

「この本を出版しても書店員がどこの棚に置くかわかるのかな？」

書店には取次店から毎日、本の詰まったダンボールがいくつも届きます。ダンボールを開封したものの、どこに置いたら良いかわからない本は、普段忙しい書店員は、そのままにしてしまうこともあるようです。本棚に陳列されることもなく、出版社に返品される。そんな運命をたどる本は意外とたくさんあるそうです。

また、書店員は、たいていは文芸書が好きです。ビジネス書が大好きで書店員になる人はほとんどいないでしょう。ですから、タイトルでジャンルがよくわからないビジネス書は、悲惨な目に遭いやすいのです。会計士が書いた「どんぶり勘定」という本は、料理本コーナーに並べられていたというエピソードもあるくらいです。

▼類書を見つけたら自分の本との違いを書こう

類書を見つけたら、その類書と、自分の本との違いを見つけてください。

例えば、プロフィールの違いを打ち出します。類書を書いた人が、評論家だったり、現役を退いていたりしたら、「自分は現役です」「バリバリのプレイヤーです」と強調する。

紹介しているノウハウが同じでも、類書のタイトルが「億を稼ぐ」だったら、こちらは「数百万円を稼ぐ」と一般向けの本だということを強調しましょう。

類書との違いを打ち出すことで、企画書の厚みが増します。

あなたが本を出版するためにできること、情熱を示せ！

あなたが、企画書のプレゼンをする機会を手にしたら、編集者にやる気を見せる必要があります。

どんな風にやる気を見せるかというと、「出版したら、本を自分でも売ります！」と、自力で本を売る姿勢です。

編集者が喜ぶのは、つくった本を一緒に売ってくれる著者です。最近、ある大手出版社では、著者自身の販売する力を一番重視しているそうです。だから、YouTubeでチャンネル登録が10万人以上の著者にしか出版を依頼しない。そんな方法を取り始めたところもあります。

そこまでいかなくても、多くの出版社は、あなたにどれくらい本を売る情熱があるのかを判断します。

- ・ブログにはどれくらいのアクセスがあるか？
- ・メルマガ読者は何人いるか？
- ・今までのセミナー受講生は何人いるか？
- ・本気で応援してくれる知人は、何人いるか？
- ・有名な紹介者がいるか？

などで、自分だけでも数百冊、数千冊売れるということを示すことができると、出版はとても早く決まります。

もちろん、これらが全てゼロだとしても、企画を通すことは可能ですが、著者自身に本を売る力がないよりもある方が良いのは間違いありません。

▼情熱の最大のアピール方法とは？

私が今までで、もっとも効果があると思う情熱の示し方を紹介します。

私がもし、まだ1冊も本を出版していない状態で編集者と面談の場面までこぎつけたら、次のようにいいます。

「御社の著者印税は、8%ですね。了解しました。もし出版が決まったら、私の初版印税は全て広告費につぎこんでください。1冊でも多く売りたいので」

すると、編集者のやる気に火がついて、企画をなんとか通そうと頑張ってくれる確率が高くなります。会議では、営業部も喜んでくれるでしょう。

SNSで可視化される

編集者が、あなたの企画の内容がいけそうだと判断したとします。その編集者は、次にどうすると思いますか？

あなたのプロフィールのリサーチをします。つまり、あなたのホームページ、ブログ、ツイッター、全てをチェックするのです。

ところが、これから出版しようと思っているはずなのに、SNSでは一切、出版に関係するテーマの話を書いていない。ブログを読んでも、古い投稿ばかり。ホームページも更新している様子がない。

こんな状態だと、「**書きたいコンテンツに対して情熱がない人**」、と認識されます。

もしこういった状態だったら、今日から準備を始めましょう。

本を出版することが決まったら…

いろんな媒体で「出版予定」であることや、出版にまつわる投稿をしましょう。
編集者にあなたのやる気をアピール！

- 出版予定である旨をSNSやブログで紹介することで、フォロワーが増えます
- あなたのフォロワーが出版予定の告知を見て、本を購入してくれる可能性が高まります

企画が通過し、本を執筆できることが決まったら、編集者に相談の上、その日から「出版が決まったこと」をSNSやブログでアピールしていきましょう。

そうすることであなたのフォロワーが出版を応援してくれますし、出版した際には購入してくれるでしょう。そして、あなたの投稿を見た他のユーザーがフォローしてくれるはずです。原稿の執筆の様子や、カバーの選定の様子など編集者に確認して可能な限り、投稿してください。

あなたが「情熱あふれる人である」ということを編集者にもフォロワーにも伝えて、出版を盛り上げましょう。

▼出版時の注意点

出版していよいよ配本されるという時期にやるべきこともお伝えしておきます。

著者の中には、出版したにも関わらず、自分のSNSで一切情報発信をしない人がいます。また、「出版します」という投稿を1、2度しただけ……という人もいます。

そんな姿を見てしまうと、アドバイスをしている私達も、一生懸命付き合ってきた編集者も、本当にがっかりします。

確かに、「いよいよ出版します」「本が並びます」と、毎日同じような話をアピールし続けるのも大変でしょう。

しかし、初めて出版する時なら、友人やフォロワーの人達も全力で応援してくれます。出版予定が決まっているなら一定の間隔で、友人達へ、進捗を報告しながら、本の宣伝をするべきです。

今は、SNSで、可視化される時代です。情熱をSNSで伝えましょう。

目次と項目のつくり方

「一冊の本なんて書ききれない」という人がいます。

おそらく、ビジネス書を書くことを、小説を書くようなイメージで捉えているからなのでしょう。

もし、小説のように、つながりや構成、伏線を仕込みつつ、流れを作って書いていくとしたら、才能豊かな文才が必要でしょう。それはおそらく、ほとんどのビジネス書の著者にはできない芸当です。

しかし、ビジネス書は違います。ビジネス書のページ数は約200ページがほとんどです。1項目が4ページだとしたら、約50項目で1冊の本に仕上がります。

もちろん、1項目が2ページの場合もあれば、6ページの場合もありますが、4ページずつだと、見出しが統一されて、とても読みやすい構成になります。

章立ては、5章〜7章くらいが一般的です。

7章立てなら、1章当たり、7項目くらいで構成されます。

1項目当たりの文字数は、1500字〜1800字です。だいたいブログの1記事程度です。つまり、ブログの記事を50記事ほど書いたら、1冊の本が書けるということになります。ビジネス書は、ブログ50記事の集合体なのです。

50記事のブログなら、書くことへのハードルは下がりませんか？　このように考えると、**ビジネス書を1冊書くのは、それほど難しく考えなくて良いことがわかります。**

ノウハウさえしっかりあれば、多少変な日本語でも、構成が悪くても、担当者が編集してくれます。誤字脱字も、プロが最終チェックをします。

文章がまるでダメなら、プロのライターに代行して書いてもらうことも可能です。

項目は50％：50％の法則

書店での読者の行動を考えてみましょう。

本屋で気になるタイトルの本を見つけました。まずは手に取り、目次をめくります。

そして、興味のあるページを読み込みます。本の内容に納得すれば購入するためにレジに行きます。

こう考えると、**「目次でどれだけ惹きつけられるか？」**がとても重要だとわかります。

企画書も同じです。

1冊の本の企画書は、目次案50個くらいで成立します。

目次にこのような項目ばかりあったら、編集者はどう思うでしょう？


「挨拶は大事」

「努力は裏切らない」


当たり前のことばかり書かれていると読む気が起きないでしょう。

では、次のように変えてみましょう。


「挨拶が必要な3つの理由とは？」

「努力は絶対に裏切らないのか？」


これならどうでしょうか？　内容が同じでも、最初にあげた例よりは興味を持つ編集者が増えると思いませんか？

このような疑問形のパターンは、どんな内容が書かれているのか明らかではないため、読者の好奇心を刺激して、実際に確かめたいという気持ちを引き起こします。

ただ逆に、そのような目次案ばかりだとしたらどうでしょう？

全部が全部、疑問形の目次案だと、著者が持っているノウハウがどんなものか、伝わりにくくなります。

ですから、どんな内容かわかる見出しと、どんな内容かわからなくても好奇心を刺激する見出しの割合には配慮が必要です。

私は出版スクールで、この配分は50%：50%くらいをすすめています。これが、編集者が著者に会って話を聞きたくなるバランスだと思います。

ある程度の非常識な部分には魅力を感じますが、世間と感覚が違いすぎるコンテンツばかりだと敬遠されます。半分は常識、半分は目新しいこと。これくらいが、編集者も共感できて、新鮮さもあります。

読者も同じです。そもそも読者は本屋にきて本を買う人ですから、やはり常識のある人が多いです。全て非常識な項目が並んでいる本を読みたいとは思わないでしょう。SNS全盛で共感を生むことが大切にされている今の時代であれば、常識が60％で、非常識が40％でも良いくらいです。

常識部分が親しみやすさと安心を生み出し、非常識な部分がその本の新鮮なところを形づくります。

著者プロフィールの書き方

▼整合性

編集者が、あなたの企画書を見て、「タイトルや目次案が素晴らしい！」と唸った。しかし、プロフィールを読むと、この本とは合っていない内容。全くチグハグ。するとと編集者は、同じ内容が書けて、プロフィールが強い人を別に探すということになります。

企画書では、プロフィールと企画の内容に整合性が必要です。そのノウハウを語れる資格が充分にあることを、アピールしましょう。

▼抽象的な表現はNG

また、「この人になら、300万円を賭けてみよう」と思ってもらえるだけのプロフィールを書く必要があります。
・どんな経歴があるのか
・どれだけの実績があるのか
・どれだけその業界についてノウハウを持っているのか
これらを書く時に、抽象的な表現はNGです。

「たくさんの人をコンサルティングした」ではなく、「2万5000人の人をコンサルティングした」と、具体的に数字で書きます。

私の場合なら、「300人の著者を輩出した」という実績が強みです。

また、知名度の高い固有名詞を使います。誰もが知っている権威の力を借りましょう。

有名企業、旧財閥系、各種団体、銀行、証券会社、航空会社、国や地方公共団体など、ポジティブなイメージを与えるものはプロフィールに差し込みましょう。

私もセミナー講師をやる時は、「SMBCコンサルティングで研修実績あり」とプロフィールに使っています。研修業界では大きな権威です。

また、商工会議所での研修の経験などは、中小企業の経営者向けの本には有効です。

5 章

出版の近道、回り道

- 出版の相談は著者か、編集者に
- 時間をむだにしない
- 出版スクールは実績で選ぼう。大切なのは、「書店で見かけたこと」があるかどうか
- 意外と大事なのが、出版後の印税をシェアするかどうか

出版の相談は誰にするべきか?

よくやりがちな失敗を防ぐために、お伝えしておくことがあります。

あなたが出版したいなら、出版を経験していない人に相談してはいけません。


そんな人に相談すると、「著者になる? 無理に決まっている。やめておきなさい」といわれるのが関の山です。

起業を例に考えましょう。

起業家として独立を経験したことがない同僚や、先輩、上司に、「起業をしたい」と伝えてみてください。

すると、こういったアドバイスをされることがほとんどです。

「起業したい? 今の時代、そんなことをしたら大変だよ。うちは出戻りできないから、せっかくのキャリアが台無しだ。考え直しなさい」

当然です。本人が独立したこともないのに、

「人生はチャレンジだ。どんどん起業をしてみたら良いよ」

というように背中を押してくれることはないはずです。

結論をいいます。出版したいのなら、相談するのは、出版経験者か、出版関係者だけにしてください。できれば、著者か、編集者が良いです。出版するために必要なことを教えてくれるかもしれません。

また、あなたの企画が粗削りであったり、その著者や編集者の専門外だったとしても、足りない部分を補ってくれたり、あなたの企画のジャンルを得意とする編集者を教えてくれる可能性もあります。

持ち込み企画が出版される確率は0・3％以下

出版する方法は、いくつかあります。

① 出版社の編集者に直接アプローチする

② SNSで話題になって編集者から声がかかるのを待つ

③ 編集者を紹介してもらう

④　出版コンサルタントに依頼する

⑤　出版コンペがある出版スクールに入る

直接、出版社の編集者相手に自分の企画を売り込む場合は、企画や原稿を出版社に送る方法と、問い合わせフォームからメールで送る方法があります。

しかし、一般の人が書いた企画書や原稿は、ほとんど読まれることがないという現実をお伝えしておきます。

出版界には、「せんみつ」という言葉があります。

出版の企画や原稿の持ち込みが１０００個あっても、書籍化されるのは３つくらいといわれます。ですから「せんみつ」。０・３％の確率です。

実際に、素人が見よう見まねで書いた出版企画書は、一人よがりで読むのがつらいものが多い。普段、企業のコンペに参加して勝ち抜いている方でさえ、出版企画書となると、うまく書ける人はほとんどいません。一般の人が、延々と情熱をぶつけた企画書は、数秒でつまらないものだと判断されてゴミ箱行きです。

大ヒット作を連発の、あるベテラン編集長はいい切ります。

「原稿や企画書が会社に直接届くことがあります。今までの経験でいうと、せんみつでさえもない。直接送られてくるものは、1000のうち、良いものは1つあるかどうか。時間の無駄なので届いた企画書や原稿は読まずに捨てています」

編集者との打ち合わせをしないで原稿を書いてしまう人は、出版のことを知らない場合がほとんど。そんな人の原稿ですから、読むに値しないことが多いということらしいです。

そんな現実ですから、直接出版社に売り込んだところで結果は見えています。

出版すると批判されます。それは本が売れている証拠です！

私が著者としてデビューした当時は、Amazonのレビューに一喜一憂していました。

「内容が陳腐だった」

「がっかりした」

「○○が書いていなくて物足りない」

こうしたレビューが心に刺さり、とても落ち込みました。でも、ベストセラー著者の先輩に相談したら、「喜べ」といわれたのです。

「売れていない本は、5点満点のレビューが4個〜5個くらいしかつかない。その著者の友人が書くから。でも、マイナスのレビューは、売れた本だからつくのだよ。喜ばなきゃ」

さらに衝撃的なことをいわれました。

「内容が陳腐だとか薄いとか、物足りないって書いている人は、どんな人かわかる？ほとんどが同業者。足を引っ張りたくてネガティブなコメントを入れるんだ。でも、そう書かれるということは君のことがうらやましい証拠だよ」

その後、何冊も出版して、実際その通りだと思います。

売れた本ほど、マイナスのレビューがつきます。逆に、増刷しなかった本のレビュー欄はほとんど投稿がありません。

もし私が、レビューを鵜呑みにして、「誰もが一目置く専門家らしい本を出そう」と考えていたらどうなっていたでしょう?

おそらく専門用語が多くなり、一般の人には読むのが難しく、その結果、売れない本になっていたでしょう。

▼レビューの割合は?

5点、4点のレビューが60%、3点のレビューが20%、2点や1点が20%くらいが理想的なバランスです。

レビューが1点で、ひどいことを書いている人はたいていライバルです。

なぜなら、「つまらない本だった」と書けば数秒で済むところをわざわざ、あら探しをし、長い批判コメントを書く。どう考えても、赤の他人ではないはずです。

将来出版を考えているあなたには、そういったこともあるのだなと、心の準備をしていただくためにあえて書きました。

批判されるのは、売れている証拠なので、喜んで受け取りましょう。

出版のプロに商業出版の基本を学ぼう

突然ですが、大学受験の話をしましょう。

塾に通わず大学受験で合格できるなら、親は喜ぶでしょう。実際に参考書だけで東大に合格する秀才もいます。

しかし、多くの人は、予備校に通ったり、家庭教師をつけたりして、受験に臨みますよね。

その方が合格率もあがりますし、友人やライバルが頑張っている姿を見て、刺激を受けたり、受験のテクニックを教えてもらえたりして、ぐっと第一志望の合格に近づくからです。

ところが出版となると、「お金がかかることはしない。自力でやる」という人が多いです。

コンサルタントを長い間してきて思うのは、「未知のことをやるのに、自力でなんとかしようなんて時間がかかってもったいない」ということです。餅は餅屋です。全ては専門家にお願いするのがベストです。

▼エージェントという仕事

野茂英雄投手が大リーグにチャレンジする時に、橋渡しをしたのがエージェントのダン野村さん。この時には、エージェントが選手を食い物にしているという悪評がたち、エージェント、代理人という仕事には、ずいぶん悪いイメージがつきました。

ただ、野球選手が、知り合いが1人もいない異国の球団に自分を売り込んだり、契約関係に強い弁護士を探したり、入団までの段取りを整えるのは難しいでしょう。エージェントに全てまかせたおかげで、野茂選手は大リーグで活躍できる球団と契約でき、大活躍したのです。

人生でもっとも大事なものの1つは、時間です。出版に限らず、自分一人でやることを減らすことです。お金で済むなら自分の時間を極力使わない。これも成功の秘訣です。

▼ブランディングに時間をかけるな

これから会社員はＡＩの進化やコロナ禍で悪化した景気の状況により、どんどん淘汰されます。だから、自己ブランディングして生き残っていく時代が当たり前になっていきます。

そういった将来を見据えて、本を出したいという人はとても増えています。

自分で企画書を書き、出版社に手あたり次第に送ったり、出版オファーをもらうためにSNSを何年間も毎日アップしたりする……。そんな努力をするより、コンサルタントやエージェントに頼って出版する方が早いでしょう。

一人だと高いハードルでも、プロの力を借りれば乗り越えられます。

出版スクールの正しい選び方

次は、出版スクールの選び方です。

選ぶ際のポイントをご紹介します。

▼実績を見よう

出版スクールの実績を確認しましょう。

実績とは、以下の3点です。

1　著者になった人が何人いるか？
2　全体で何冊出版しているか？
3　どこの出版社から出版したか？

出版スクール出身の著者の数は最初のチェック項目です。

さらに同じ著者がそのスクールで複数冊出版しているとしたら、かなり信頼できる出版スクールだといえます。

また、スクール出身者がどこの出版社から出しているかもチェックしてください。

私のスクールの受講生の中に、もともとは他のスクールに入ろうと思ったが、やめてこちらにきたという人がいます。

彼が入ろうとしていた出版スクール出身者の著書を調べたら、あまり聞いたことがない出版社から出版していたことが多かったのです。さらに、それらの出版社のホームページを見てみたら、トップページに「あなたの本を出版します」と書いてあったそうです。

これは自費出版が中心の出版社だと判断して、受講するのをやめたとのことでした。

確かにそのとおりです。

トップページに「あなたの本を出版します」とうたう文言がある出版社は、自費出版が中心の出版社や、著者が自著を１０００冊単位で買い取ることを前提とした出版社がほとんどです。

▼コンペで出版できる人数は何人か？

ある出版スクールでは、20人ほど受講生を集めて、その中の数人だけにしか出版する権利を与えないところもあります。そうすると選ばれた人以外は出版ができないため、仲間全員がライバルになります。

そのスクールの出身者に話を聞くと、ギスギスした空気で精神的につらかったと。

私がおすすめするスクールは、セミナーに参加した人全員に出版のチャンスがあるスクールです。出版社から手があがった人全員が出版できるシステムが良いでしょう。

仲間全員で出版しようというエネルギーは、元々持っているもの以上の力を引き出してくれます。

ちなみに私のスクールでは企画書を仲間同士でチェックし合います。

自分一人よりも仲間同士で企画書を見せ合うことで、切磋琢磨できます。

そうして磨き上げたものを、講師陣が最終的にチェックして、コンサルした上で、コンペである出版オーディションに臨みます。

▼出版した本を、書店で見かけたことがあるか？

出版スクールの実績に掲載されている本を、書店などで見たことがあるか？　これは、商業出版の目的を考えてもとても大事なポイントです。

私の出版セミナーでは、会場の机にスクール出身著者の著書200冊を並べています。すると、「あ、これ持っている」「この本みたことがある」という声がたいてい参加者からあがります。おそらく地元の書店で購入したり、見かけたりしたのでしょう。

商業出版では書店に並んでいるかが、とても大事です。

今までお話ししてきたように自分のビジネスの向上やブランディングのために出版を目指すのであればなおさらです。

▼出版後の印税をシェアするかどうか？

私の出版スクールでは、本が出た時に、著者印税を3％シェアしてもらっています。

印税がシェアされるということは、著者とスクール運営者は運命共同体になります。

「印税はいただきません」としている出版スクールは、とても良心的に見えるかもしれません。

ただ、印税をシェアしないということは、出版が決まったら、そのあとのフォローを全くしてくれなくなる可能性があります。

スクールの運営者としては、出版が決まった著者の出版条件が良かろうが悪かろうが、金銭的に関係がなくなるからです。ならば別のスクール参加者を新規にリクルーティングしたほうが、新しく収益を生み出せる。

また、そういったスクールでは、受講生の出版実績がほしいので、小さい出版社や営業力のない出版社にも押し込みます。

大事なのは「出版実績」であって、その本が売れようが売れまいが関係ないからです。

しかし、印税をシェアするスクールは違います。

出版が決まってからも、少しでも本が売れるように全力でアドバイスをするでしょう。

増刷されて本が売れれば、さらに印税が入金されスクールの売上にもなります。

例えば、「声がかかっているA社の初版部数は3000部。B社は5000部。だからB社を第1希望に」、「執筆が煮詰まっているならいつでも相談して」、「販促はこうしてください。前回○○さんの出版の時にこの方法で売れたから」などと、丁寧に相談に乗ってくれるはずです。

ちなみに私のスクールでは、2冊目以降を出版したい場合のコンサル料は無料です。なぜなら同じように印税をシェアしていただくことで、ウィンウィンの関係を維持できるからです。

出版スクールの種類

出版スクールは、大きく分類すると3つの種類があります。

① 編プロ（編集プロダクション）系

出版社から編集費を受け取り、本を制作する会社を、編集プロダクションといいます。編プロが、セミナーを開催して、著者を見つけるスクールを運営していることがあります。

そして、著者を出版社へ売り込み、出版までをサポートします。

編プロ系のメリットは、スクールの代金が安いことがあげられます。

出版社から、1冊につき50万円程度の編集費をもらうので、その分著者の負担が少なくてすみます。ですから、金額で考えると、メリットが大きいでしょう。

しかし、編プロは、著者が書いた原稿を編集して、出版社に納品して、制作費をもらうところまでが仕事です。

ですから、本を販促して、売れっ子にするようなことは基本的にはしません。そもそも本をつくることを主業にしているため、販促のバックアップまでできないのだと思います。

また、編プロがつながっている出版社は、体力のない会社も多いです。出版社自体が、編集者を雇えないため、編プロに仕事を丸投げしている実態もあるようです。

ちなみに通常の出版社の編集者なら、年間5冊～6冊程度の出版点数です。多くても年間15冊が限界でしょう。

ところが、編プロの担当者は年間で数十冊も出版していたりします。このことからも、1冊にかける労力が小さくならざるをえないという現実があります。

② 元編集者系

元々は、出版社の編集者だった人が独立して、出版スクールを開くケースです。

元編集者ですから、質の高い企画をつくれるようアドバイスしてくれるでしょう。

また、著者に対して企画書の作成や原稿チェックなどもしっかりと教育できるでしょうから、著者のスキルもあがります。

ただそうであるため、こういったスクールで本をつくるとなると、片手間ではできません。忙しいビジネスパーソンには厳しいでしょう。

また、元々編集者が在籍していた出版社から出版されることも多いようです。

出版形態	メリット	デメリット
編プロ系	本を出版することで出版社から編集費を得るため、受講料が安い。	年間の刊行点数が多いので、発刊後のフォローアップなどはできない。
元編集者系	出版事情に詳しい編集者に、企画書のつくり方、原稿のつくり方を丁寧に学べる。	編集者からアドバイスをもらえるものの、それらを吸収し、改善していく活動は、「会社で働きながら」の片手間ではできない。
著者系	本を出すということを本気で考えた経験があるので、受講者に寄り添える。本を売ることも考えてくれる。	著者を丁寧に育てるため、また、多くの出版社にアプローチをするため、コストがかかり、受講料が高くなる傾向に。

その出版社が、あなたの出したい本の企画にマッチしていると良いのですが、マッチしない場合は、出版が難航したり、本が出版できないことも考えられます。つながっている出版社が偏りがちなのがデメリットだといえるかもしれません。

③ 著者系

現役の著者が出版スクールを運営しているケースです。

特に複数の出版社から出版している著者が運営しているスクールがおすすめです。

執筆に関する悩みを聞けたり、通りやすい企画書のアドバイスがもらえたりします。著者の気持ちもわかるし、本に対する愛情も強いです。

ただ、デメリットは、他のところにくらべて、金額が高いことです（だいたい、50万円～３００万円ほどかかります)。

多くの出版社と交渉したり、編集者を多く集めてセミナーをしたりするため、場所代やセミナー運営のコストが高くなってしまうのです。

ちなみに、私の著者スクールの費用は、現在90万円。それには理由があります。

▼私の出版スクールは、なぜ値上げするのか？

私の出版スクールでは受講価格を、何年かに一度、値上げしています。

それは、ノウハウが蓄積され実績が積みあがっていくからです。

著者スクールの第一期は、受講料が30万円でしたが、直近第33期（2021年8月21日スタート）の受講料は90万円です。


「そうであれば、第一期に申し込めば良かった」と思うかもしれませんが、当時の私達のスクールは、実績がなく、出版社からすれば、海の物とも山の物ともしれない状態でした。

それにスタートしたばかりですから、本を出版したことのある先輩がいるはずもなく、実績ゼロの状態です。そんな時に申し込んでくれた受講生のみなさんには、今でも本当に感謝しています。

第一期のコンペ（出版オーディション）に参加した出版社は4社だけでした。それが現在の33期では40社もの出版社が参加してくれます。

ですから、一回のコンペに参加することで、1冊のみならず、2冊目、3冊目も同時に出版が確定することも増えています。

このように出版ノウハウやオーディションに審査員として参加いただく出版社の編集者の人数が増えたため、出版権を獲得しやすくなりました。そのために受講料があがっても参加者は後を絶たないのです。

6章

～実録～
私達はこうやって出版して お金持ちになった

- 出版して独立できた
- 出版して会社に依頼が殺到した
- 出版してメディアから取材が殺到した
- 出版して地元で英雄になれた

出版のおかげで公務員を卒業、自由を満喫！

仲里桂一

１９７３年、沖縄県生まれ。元防衛省沖縄防衛局職員。軍用地投資コンサルタント。２０１８年、防衛省沖縄防衛局を退職し、㈱L&Sコンサルティングを設立。現在は、軍用地の購入から売却まで年間１００件以上のコンサルティング、セミナーを実施するなど精力的に活動するほか、その知識を請われ沖縄大家塾に参画。沖縄市軍用地等地主会員。金武町軍用地等地主会員。北谷町軍用地等地主会員。

軍用地投資コンサルタントの仲里桂一です。

私は、防衛省沖縄防衛局で事務官をしていました。職務は軍用地買収の担当。

軍用地とは、アメリカ軍に貸し出すために指定された土地のことです。

この軍用地の投資は、沖縄の投資家ならみんな知っている情報です。

でも世間的にはほとんど知られていませんでした。

私には運動障害を持った子供がいて、いつもお金の心配をしている状態でした。

そこで、趣味と実益をかねて軍用地を研究した結果、軍用地投資を中心とした資産形成法を確立しました。その方法を使って、資産をつくっていきました。そのノウハウを、ペンネーム「里中一人」名義で出版したのがこの本です。

『お金持ちはこっそり始めている 本当は教えたくない！「軍用地投資」入門』（すばる舎）。

この本が売れたおかげで公務員が卒業でき念願だった軍用地コンサルタントとして独立できました。

正直、軍用地に関して私より詳しい人は、沖縄県の職員や先輩達、昔から不動産投資をしている方の中にたくさんいました。

しかし、この本が話題になったために、軍用地投資といえば、私が一番の有名人になりました。その知識を請われ、投資塾に講師として呼ばれたり、セミナーなどを開催したりするなど、出版してからは、公務員とは全く違う人生になりました。

本を出版してから、大きな変化がもう1つあります。出版前はただの公務員でした。それが著者というだけで、どこにいっても一目置かれるようになりました。出版して数年経った今でも、「本を書いただけでこんなにも特別扱いされるのか!」とびっくりします。

どこにいっても、「この人、著者の先生だよ」と紹介され、まるで著名人のような扱いを受けます。

地方は、東京と違って著者が少ない。なので、地方在住者こそ、絶対に出版をするべきです。出版することで、その地域の英雄のような存在として扱われます。

今では、自分の自由な時間を確保するために、ほとんどの仕事は断っています。月1日~2日しか仕事をしなくてもコンサル業や軍用地での売買手数料で大きく稼げているからです。

責任が重くて、時間に追われる日々を過ごしていた公務員時代にくらべると、毎日毎日、自由を満喫できています。心から人生を楽しめています。

出版は、「幸せへの確実な切符」だと心から思います。

さらに出版して良かったことは、ビジネス書の著者と繋がりができたことです。どの業界が儲かっているのかが分かり、（詳しいことはいえませんが）株式投資で大いに役立ちました。

年商800万円が、出版後に4500万円に！

大原昌人

元「楽天市場」プロデューサー。株式会社ダニエルズアーク代表取締役。慶應義塾大学環境情報学部卒業。牧師になろうと思うも社会経験をしたほうが良いというアドバイスを受け、倍率200倍のなか楽天株式会社に入社。新卒の営業研修では開始1カ月間、成約件数が0件と「落ちこぼれ街道」まっしぐらのなか、データ分析力を買われ、少数精鋭のクリエイティブ部門に配属。1万人以上いる社員のなかでたった100人しか閲覧を許されない楽天の心臓部「購買データ」を自由に分析する権限を得る。2018年、株式会社ダニエルズアークを設立し、代表に就任。「誰でも夢が見られるチャレンジの場を作る」ことを掲げ、全国各地に活躍の場を広げている。

大原昌人です。

僕は楽天株式会社で楽天市場のプロデューサーをしており、数年ほど働いた後に独立しました。独立直後、「自社のブランディングと集客のために、何をやったら良いだろう？　一番効果的な施策はなんだろう？」とリサーチした結果、出版が最適であると結論づけました。

そこで、出版する方法をリサーチしました。

様々な情報を集めた結果、松尾先生の出版スクールが一番だとわかり、出版スクールに参加しました。

当初の出版テーマは、得意のデータ分析とプレゼン力を生かして、「組織内で評価してもらう見せ方の技術」というテーマでした。

人事評価、報告を、数値的な見せ方をすることで評価してもらい、出世を目指していく方法をまとめた本にするつもりだったのです。

ですが、出版スクールで指導を受けて企画を磨き上げていくうちに、「楽天での経験を書いたらどうか？」とアドバイスを受けました。

正直、楽天に在職したのは、3年くらいでしたし、長年やっていた上司や先輩に比べたら、楽天の経験を語るのはおこがましいのではないか、と躊躇しました。

しかし、松尾先生のおっしゃる「三角形の法則」に照らし合わせてみると、楽天で働いたことで得た経験は、その外側にいる人には貴重なものであることがわかっていきました。
結果、次の2つが強みとして明確になりました。
・4000万という多くの購買データをチェックした経験
・楽天市場の出店者に施策をアドバイスしてきた経験

この2つをまとめた本が『4000万人の購買データからわかった！ 売れない時代にすぐ売る技術』（サンマーク出版）です。

出版すると、すぐに反響がありました。
自分の会社に問い合わせがかなりありました。この本を出版した直後に、本を読んだ方からいただいた仕事の金額は、ざっと2600万円です。それ以外にも、商談後にこの本をプレゼントして読んでもらうと、受注率がびっくりするくらい跳ねあがりました。

本を出版する前の、独立当初の年商はおよそ800万円。
それが、出版後には年商4500万円になりました。

4500万円を売り上げるためのマーケティング費用は、通常なら1000万円くらいかかるでしょう。

ですが、僕がこの売上のために使ったのは出版スクールの受講費の80万円だけ。

その投資で、これだけの売上アップになるのですから、これほど割の良い投資はないと思います。

本の威力は思った以上にすごかったです。今でも本を読んでくれた方からの講師依頼が続いています。**本を出してもっとも感動したことは、読者の方々からの生の声です。**

先日60代の方から、面と向かって感謝された時には感動しました。

「WEBを始めようと思った時に、この本に出会えて本当によかったです」

瞳を潤ませながらお礼を言われた時には、涙が出そうになるほどうれしかったです。

僕は今、29歳です。

来月（2021年10月）、2冊の本を出版します。35歳までに10冊は出したいです。

出版後、テレビ出演30回、雑誌、新聞の取材が50回以上に！

香村薫

家事研究家・ライフオーガナイザー
株式会社ミニマライフ代表取締役
愛知県岡崎市在住。大学卒業後、トヨタグループのアイシン・エイ・ダブリュ株式会社にて、おもに女性とクルマをテーマにしたカーナビ商品企画を担当。２０１４年、片づけサポート業務のミニマライフ.com を創業。３人子持ちの主婦業と両立させ、２０２０年に法人化。「やりすぎミニマリスト」経験を生かした「ほどよいミニマリスト」の目線と、生粋のリケジョならではのロジカルシンキングによる「共感と解決を両立させる」自宅開催の片づけ・家事講座には全国から受講者が集まり、出張片づけサービスは半年待ち。
ＮＨＫや ESSE などテレビ・雑誌出演多数。All About2019MVP 受賞、暮らしニスタ大賞２０１９ランキング第1位。

片付けの専門家、香村薫です。私が出版する前の収入ですか？

恥ずかしいのですが、ほとんどゼロでした。

いいえ、それどころか、ほとんどタダ同然の講師料で、講演会をお願いしてやらせてもらっていました。そんな状態ですから、お金が出ていくばかりで、片付けのお仕事では、全く収入にならない。

「このままだと、埋もれていくだけだ、どうしよう……」と、強い危機感を感じていました。

この状態を打ち破るために、片付け業界で著名な人が、どうやって有名になったのかをリサーチしました。すると、こんまりさんを始めとして、本を出したことをきっかけに、いろんな媒体で有名になっていった方が多かったのです。

そのため、「よし、私も出版するしかない！」と決めました。

いろんなスクールを探して、松尾先生の出版スクールが実績があったため入塾しました。

スクールも最終日を迎えて、いよいよ出版社の編集者相手にプレゼンをしました。私の出版企画に、なんと5人もの編集者の手があがりました！

その中の編集者の一人から「トヨタに勤務していた経験を使ったら?」というアイデアをいただきました。もちろん、トヨタの生産システムなどは、世界で最も効率的に運営されているのは有名な話です。

ただ私は、トヨタ系列の企業に勤務していたといっても、その中で特に優秀だったわけではありません。

しかし編集者と打ち合わせを重ねる中で、勤務していた時に染み込んでいたトヨタイズムを思い出して、それを切り口にしてみました。

すると、次々と出版が決まりました。

『トヨタ式　おうち片づけ』(実務教育出版)
『トヨタ式　超ラク家事』(実務教育出版)
『トヨタ式　家事シェア』(主婦の友社)

出版後は、テレビに30回出演。
雑誌、新聞には50回以上掲載されました。
ある女性誌では、表紙にもなりました。

また、東洋経済の片付け特集記事ではなんと、こんまりさんと横並びで掲載されたのです！

手の届かない、はるか遠い存在だった方との横並びの誌面を見た時には震えました。

出版する前にはタダ同然で講師をさせてもらっていた講演会。

それが出版後には、講師料で1回20万円以上をいただけるようになりました。なかでも古巣のトヨタ系、トヨタホーム愛知さんからの講演依頼は特にうれしかったです！

今はオールアバウトでのウェブ記事の執筆をしていますが、そこで年間ＭＶＰに輝きました。

また、オールアバウトで書いた記事は、ヤフーニュースによく取り上げられます。

自分の記事がヤフーニュースになる日がくるなんて、夢にも思っていませんでした。

経済面では、本を出す前の年収と比べて6倍以上にアップしています。

出版していなかったら、収入ゼロのまま、独立をあきらめていたかもしれません。

そばで私の変化を見ていた夫も、「本を出版するだけで、人生がこんなに変わるんだね。

自分も本を出版することを目指そう」といっています。

現在、松尾先生の出版スクールで夫もお世話になっています。今後の目標は、夫婦で出版して、夫婦で講演することです。

お小遣いがもっとほしくて出版しました！
そして……

小嶋康之

1975年8月生まれ。数字至上主義のブラック企業へ就職。入社半年でマネージャーに就任。結婚を機に大手教育スクールのクリーン企業へ転職。現在は、大手ハウスクリーニング会社勤務。一般の営業職で転職したが、営業成績が評価され、入社わずか4年で東日本の統括責任者に抜擢される。

『ブラック企業の営業術』を出版した小嶋康之です。

私が出版したいと思ったのは、ひとえに「お小遣いを上げたい！」という理由があったからです（笑）。

もともとはブラック企業に勤務していました。そこでは高額な年収を手にしていましたが、ハードな労働形態と高いノルマをこなすことで、心身ともにボロボロになってしまいました。

結婚を機に、全国的な大手学習スクールの営業職に転職しました。すると、年収が半分に激減。子供も3人になり、お小遣いは月に3万円ほどに。

3万円といっても、昼食代はもちろん、スーツ代もワイシャツ代も、靴下代も、全部3万円で賄わないといけません。

ですから、自分で靴下も自由に買えない不自由な生活でした。飲み物は水筒をいつも持ち歩くようにしていました。

スーパーでは、割引シールの貼っているものしか買えません。

飲み会は、とてもぜいたくなものでした。そのため、飲み会のお誘いは全て断っていました。

そうして節制をする生活に嫌気がさしてきて、アフェリエイトなど、様々な副業に手を出しては失敗。そんな時に、出版スクールのことを知りました。

「出版したら自分のお小遣いが増えるかも！　スクールに入るには何十万円も金がかかるけれど、他のことに比べたら投資効率が一番良さそうだ。よし、本を出そう！」と決心しました。

でも、受講費は、自分のお小遣いだけではどうすることもできません。スクールのお金は、カードローンで借りて用意しました。

スクールで企画を考える段階ではとても困りました。

元々「こんな本を出したい」というイメージはなく、「とにかく出版したい！」だけの一心でしたから。企画を考えるのは本当に大変でした。

スクールでは、今までひた隠しにしていたブラック企業に勤務していたことを話しました。自分としては隠しておきたい黒歴史です。

しかし、「その経験はとても面白い！」と評価され、このテーマでコンペに挑むと、無事に編集者の手があがり、出版にたどり着きました。

できあがった本が書店に並んでいるのを見た瞬間は、本当に感動しました。

出版したら、大きな変化が起きました。本を読んだ勤務先の社長から直轄のプロジェクトに抜擢されたのです。その後転職にも成功。これも本が大きく影響しました。そこでも評価され、支店長に抜擢されました。

通常であれば、その職につけるのは、社歴15年以上の社員のみ。ところが私は入社4年目にもかかわらず、支店長になれたのです。

さらにそのあと東日本の統括責任者にもなりました！

また、本を読んだ方からの研修や、講演の依頼もくるようになりました。

しかしながら今は、研修や講演もお断りしている状態です。会社の仕事が忙しくなったのに加え、仕事自体にとてもやりがいを感じているからです。

出版したことで、仕事で活躍ができ、年収が倍以上になりました。

お小遣い制は撤廃され、使えるお金が増えて、念願が叶いました（笑）。

今は、あの時の自分にこういいたいです。

「貯金もない中で、カードローンでお金を借りて、思い切った投資を、よくぞやってくれた。おかげで今、最高に幸せだと」

私にとって、出版スクールへの投資は、勇気が必要でした。でもその投資は、何倍にもなって返ってきました。
おそらく、この本を読んでいるみなさんも想像を超える効果があると思います。
ぜひ、出版して、私と同じように、お小遣いを増やしてください（笑）。

出版したらオリンピック金メダリストと同じ扱いになりました

山下弘幸

株式会社農テラス代表取締役／農業参入コンサルタント
1969年、野菜農家の3代目として熊本県益城町に生まれる。熊本県立農大卒業後、家業に就農。農業経営を始めるが、経営力不足により事業を悪化させる。経営に対する甘さを痛感し、欧州、豪州、アジア10ヶ国の先進地視察研修を経て、国内企業の経営を農業に応用した独自の「戦略的農業」のノウハウを確立。2002年に自社経営を〝カイゼン〟し「稼ぐ農業経営」を確立、黒字化に成功。2012年には全国初の農業参入専門のコンサルタント会社「株式会社農テラス」を設立して、「人づくり、仕組みづくり」を意識した企業経営型の農業ビジネス参入支援を手がける。
中小企業庁の派遣専門家委嘱、大分県農業カウンセラー委嘱、くまもと農業アカデミー、熊本県農業大学講師、経団連セミナー講師などを務める。農業ビジネス支援企業100社以上、講演・研修・セミナー等の受講者延べ1万人突破。

山下弘幸です。

私は、熊本のスイカ農家の3代目です。ただの農家から、農業コンサルに移行したいと思っていた頃に、松尾先生の『コンサルタントになっていきなり年収650万円を稼ぐ法』を読み、雷に打たれたような感動がありました。

日本の農業はどんどん衰退しています。私も単なるスイカ農家から脱却するために、コンサルタントを名乗っていたものの、「コンサルという怪しい仕事の人」というイメージを持たれて警戒され、なかなか思ったような仕事ができませんでした。その悩みの解決方法が、この本にあったのです。

「コンサルタントになり、売れなくて困っている農家を助けたい！　そのためには出版するのが最速の方法だ！」と学びました。

本を読み終え、すぐに松尾先生に連絡し、出版スクールに申し込みました。その結果、熊本から東京まで通うことにしました。

ただ残念ながらスクールを終えてからも、なかなか出版が決まりませんでした。やはり、「農業というテーマだからニッチで難しかったか」と、あきらめかけていました。

そんな頃に、あの熊本地震が起きました。

私は震源地の益城町に住んでいて、今まで感じたことがない激しい揺れを経験しました。

「これはヤバい！　死ぬ！」と叫びながら逃げました。

はじめて死と直面した瞬間でした！

震度7との発表でしたが、体感で震度10以上の衝撃でした。実際に観測所の計測メータを振り切ったそうなので、正確な震度はいまだに不明です。

この、死を感じる体験をして思ったのです。

「人間いつ死ぬかわからないのに、のんびりやっていられない！」と魂にスイッチが入りました。そして、ようやくエンジンがかかり出版にこぎつけました。それが『**稼げる！新農業ビジネスの始め方**』（**すばる舎**）です。

出版したら、まるで世界が変わったようでした。

まず、地元の農業大学では大騒ぎになりました。

私が、出身者では初の著者だったようです。

ちょうど大学では、創立40周年記念イベントがありました。そのイベントでは、10周年ごとに著名人をゲストスピーカーで呼んでいました。

そして、そのスピーカーの依頼が、私にきたのです！　とても名誉なことでした。

ちなみに、30周年記念の時の講演者は、オリンピックの柔道金メダリスト、古賀稔彦さんでした。

出版したら、地元では、オリンピック金メダリストと同じ扱いになったわけです。

東京では著者がたくさんいるため、ここまで大事にはならなかったかもしれません。

でも、地方では、著者になったら、権威と名誉が与えられることを実感しました。

著者になる前の私は、「農業コンサルタント？　怪しい仕事をしているね」という扱いでした。しかし、本を出版したら、「講演会でぜひスピーチをお願いします」と、180度周りの反応が変わりました。

全国から講演もよく頼まれるようになりました。出版する前は県外から仕事がくるなんて、考えもしなかったです。

東京でないと、全国を対象にしたビジネスはできないイメージがありましたから。

でも出版したら、全国に営業所があるような状態になりました。

私が訪れたこともない、北海道、青森、山形などからも講演依頼の申し込みが入るようになりました。

先日のZOOMで開催した「農業経営セミナー」では、24の都道府県とインドネシアから74人の参加がありました。こちらは自宅から講演し、全国各地の方々にむけて話をしましたが、本を出版すると全国のさらに世界の方とつながることができることに感動しました。


そして、出版して一番の喜びは、読者の声です。

「山下さんの本を読んで、農業に希望が見えました」

「おかげで農業でもしっかり稼げるようになりました」

「人生が変わりました」

そういった連絡が、全国から届くようになりました。

それはもう、お金とか、名誉よりも、うれしくて、ご連絡をいただくたびに胸が熱くなります。


出版に導いてくれた松尾先生や、支えてくれたみなさんに、心から感謝しています。

これからも、農業をビジネスにしたいという方を増やし、日本の農業を守っていきたいです。

本を出版したら、公の存在として認められたと感じました

小西昭生

1949年、東京都生まれ。1972年、早稲田大学法学部卒業。同年、大協石油（現・コスモ石油）入社。支店営業・本社人事部・営業部・石油開発会社出向・文化事業室長・水ビジネスプロジェクトなど多彩な業務を体験。42歳で環境問題に目覚める。45歳で独立起業し、南米ボリビア共和国の牧場事業、タイ王国でのエマルジョン燃料の開発などを手掛け、その後、水処理技術コンサルタントとして現在に至る。日本機能水学会正会員・日本心理カウンセラー協会個人正会員・科学開発研究所代表。

小西昭生です。

コスモ石油に勤務時代、出世街道にいました。しかし、ある時、宇宙の真理、森羅万象の全てを知り尽くしたスピリチュアル・リーダーと出逢い、45歳で退職しました。生活のために、水の研究をする会社に転職して勤務するかたわら、精神世界を探求しました。

もともとは神の存在などは信じていませんでした。でも、アインシュタインやホーキング博士の本を研究すると、創造主がいるとしか考えられないのです。スピリチュア

ル・リーダーの話はやはり真実だと確信してから、この考え方を広めることに人生を賭けようと決めました。

「人間はどこからきてどこへ行くのか？」

この真理を多くの人に広げていくことは、社会的に不可欠なことだと思い、水の研究をしている合間に、創造主に関する勉強をし、講演をするようになりました。

すると、もっと聞きたいという要望をいただくようになり、

「多くの人へ真理を伝えるために本にしたい」と思い、出版スクールへ入塾しました。

スクール最後の日のコンペ（オーディション）では、神様を論理的に伝える「サイエンス・スピチュアル」というテーマでプレゼンをしました。

その結果、出版社４社から手があがり、『サイエンス・スピリチュアルの教科書』（Clover 出版）が生まれました。

２０１８年、69歳で出版し、翌月に重版がかかりました。現在は3刷となり、定番書として書店で展開していただいているようです。

本を出版したら、ようやく公の存在として認められた感覚があります。

それまではボランティアでスピリチュアルの講師をしていましたが、出版してからは講師料が出るようになりました。

なによりも、本を読んで、「感動しました」「こんなことを知ることができて感謝です」とおっしゃっていただけることに、こちらが毎回感動しています。

最近、同窓会に出席しましたが、同窓生とは話がまるで合わなくなりました。

「まだ仕事をしているの？　そんなにガツガツしないでゆっくりしたら」などといわれますが、私は、この世の中には科学的観点から創造主がいて、世の中が動いていると考え、それが本という形で表現されたことから、今は使命感に燃えておりますので、これからも真理を追究し、世の中に伝えるべく、働いていきたいと思います。

そして、出版スクールのおかげで出版できたので、恩返しで今もほとんどの出版セミナーやスクールにお手伝いに行っています。

若い方達の応援ができるのも、大きな刺激になっています。

エピソードがあれば本を出せる。誰でも歴史上の人物だ

高伊茂

「人生100年時代」をキーワードにしたセカンドライフ相談を得意とするファイナンシャル・プランナー（FP）。社会保険労務士。高伊FP社労士事務所代表、帝京大学非常勤講師、NPO法人ら・し・さ理事、一般社団法人話力総合研究所理事。中央信託銀行（現、三井住友信託銀行）に入社、企業内FPとして活躍。53歳で独立し、セカンドライフ相談のほか、国内各地でライフプランセミナー、年金、相続、信託、終活（エンディングノート）等の講師をしている。

「定年後を楽園にするフィナンシャルプランナー」の高伊茂です。

会社員当時は、中央三井信託銀行（現、三井住友信託銀行）に在職していました。

信託銀行での最後の職務は、財産コンサルタントでした。当時はバブルが弾け、3回目の希望退職募集がありました。

独立を考え始めていたこともあり、1000万円を超える年収を捨てて、退職して、FPとして独立しました。私が53歳を迎えた頃です。

独立後は、山あり谷ありでしたが、独立14年目の67歳の時に、さらに事業を加速させたいと思っていました。

そんな時に、松尾先生のご著書を読み、「出版をしなきゃ損だ！」と思いセミナーに申し込みました。

実際セミナーに参加して、「出版するならこのスクールだ！」と確信したのです。

スクールの最終日、コンペ（オーディション）では数社の出版社から手があがりました。しかし、その後、出版社と面談すると、「お金をテーマについて書いてくれ」という要望がほとんどでした。

ですが、それまでやっていたことは、「定年を迎えた人が安心して暮らせるライフプラン」の紹介です。その内容を書きたいと思っていましたところ、要望通り出版してくださるところが1社あり、その出版社で執筆することに決めました。

執筆はスムーズに進み、69歳の誕生日直前に出版。最高の誕生日を迎えることができました。

処女作が、『定年を楽園にする仕事とお金の話　45歳からそなえる「幸せ老後」のキホン』（ぱる出版）です。

本が全国の書店に送られる日が決まった頃に、「**出版するなら、出版記念パーティーをやったほうが良い。僕がプロデュースしますよ**」という方が現れました。せっかくの機会でしたので、お願いをしました。

出版してほんの数日後に出版パーティーを開催。すると、多くの出会いがありました。

そのパーティーでお会いした方が研修会社を紹介してくれて、その研修会社から継続的に仕事をいただくことになり、講師料は年間200万円を超え、今も継続しています。

出版して初めてのイベントの日に、そんなご縁をいただきましたので、スクールの費用はなんなくペイできました。

FPとして、これほど利回りの良い商品はないと断言します（笑）。

出版してからは驚くことばかりです。松尾先生も常々おっしゃいますし、他の著者の方からもお聞きしますが、北海道から九州まで本が置かれることの意味は、想像を遥かに超えた喜びをもたらしてくれました。

出版直後に、例えば九州からは福岡市の区役所、茨城県のある消費者団体連合会、北海道金融広報委員会とFP協会支部の共催での講師依頼がありました。これぞ、全国の書店が私の営業所になってくれたのだなぁと実感しております。改めて商業出版のすごさを肌身で感じました。

72歳の現在でも、「定年後を楽園にする」を主なテーマに年間80本を超える講演をさせていただいています。

定年後は、会社を辞めるため、どうしても人とのつながりがなくなってしまいます。ですから研修でも、人脈をつくる大切さをお伝えしています。

しかし、出版での人脈の増え方は想像をはるかに超えていました。

それまでの人脈は、FPと社労士の方がほとんどでしたが、著者になると、著者の友人が増え、様々な職種の人とのつながりも増え、人生もバラエティー豊かになったと感じています。

NPO法人「ら・し・さ」という終活団体の理事や、一般社団法人 話力総合研究所の理事と、2つの団体の理事の業務を行いながら、帝京大学の非常勤講師を務め、日々がとても充実しています。

「出版したら良いよ」と、きっかけをつくってくれた友人がいっていました。

「エピソードがあれば本は出せる。誰でも歴史上の人物だよ」と。

68歳で出版してから、私の人生が大きく変わりました。みなさんも、ぜひ出版してください。誰でも歴史上の人物ですから。

最後に、研修で締めに使っている言葉を贈ります。

「人生勝負は後半にあり　能力開発は年齢不問」

ブランディングを考えるなら、出版一択

乙幡満男

1974年生まれ。株式会社ブランドテーラー代表取締役。日本マーケティング学会会員。日本ブランド経営学会会員。
大学卒業後、メーカーにて商品開発を担当。数多くのヒット商品を世に出し、特許も取得。米国クレアモント大学院大学ドラッカースクール卒業（MBA）ののち、米系コンサルティング会社で、イオンのPBのブランディングに従事。
2014年マツモトキヨシに入社。同社のPB「matsukiyo」など新しくブランドを立ち上げた。ブランド全体の売上・利益向上に貢献し、世界最大手のブランドコンサルティング会社が主催する「Japan Branding Awards」2018年最高賞受賞に導く。
2018年にブランド開発及び商品開発のコンサルティング会社を創業し、現在、大手流通やメーカーなど様々な企業のブランドコンサルタントとして活動中。セミナーや執筆活動も行っている。

乙幡満男です。

株式会社ブランドテーラーの代表取締役として、大手企業から中小企業に至るまでのブランドコンサルタントをしています。

もともとは大学を卒業後、メーカーで商品開発を担当していましたが、ヒット商品をいくつか生み出し、開発した商品が特許を取得。その特許による大きな報奨金を会社か

ら支給されました。

その報奨金と返済不要の奨学金を元手に、米国クレアモント大学院大学ドラッカースクールにてＭＢＡを取得。その後、アメリカ系コンサルティング会社に入社して、イオンのＰＢ（プライベートブランド）のブランディングに従事しました。

さらに、マツモトキヨシの専務（現社長）直轄のプロジェクトで、ブランディング担当者として入社。同社のＰＢ「matsukiyo」など新しいブランドを立ち上げました。

そしておかげさまで、世界最大手のブランドコンサルティング会社が主催する「Japan Branding Awards」の２０１８年最高賞受賞にも輝きました。

その後、ブランドのコンサルティング会社を創業するため、マツモトキヨシを退職。

現在は、大手流通やメーカーなど様々な企業のブランド・コンサルタントとして活動中です。

出版しようと思ったきっかけは、前の会社の上司から、「乙幡さんのブランディングについてやってきたこともすごく、話もとてもわかりやすいから、本を出してみてはどうか？」とアドバイスを頂いたからです。

もともとブランド・コンサルタントですから、クライアントには、自分の価値の高め方を教えています。「営業しなくても問い合わせがくるようにしましょう」と、常々いってきました。ですから自分が独立した時には、「それをこれから自分自身でもやろう。それには出版だ！」と考えるようになったのです。


独立してすぐに出版しようと思い、紀伊國屋書店新宿本店で出版関連の本を探しました。そこで、松尾先生のご著書『誰でもビジネス書の著者になれる！ 出版の教科書』を見つけました。

すぐに読み終わり、調べたら数日後に5000円の「出版実現セミナー」が新宿であることを知り、すぐに申し込みました。


出版実現セミナーに参加してみたら、このスクールで出版した著者が数人参加していました。

その著者の方達は、それぞれにキャラクターが面白く、また、これから出版したいという参加者達も、とてもユニークな人ばかり。もちろん、松尾先生も、人間味あふれていてとても面白い。

自分のそれまでの人生では会ったことのない人達の魅力に惹かれたこともあり、入塾を決めました。それが今から3年前です。

スクールの最終日のコンペ（オーディション）では、なんと11社もの出版社が手をあげてくれました。

自分の企画と相性の良い出版社はどこか松尾先生に相談したら、「その企画なら青春出版社が合っている」とのこと。

実際5社の編集者に会って話を聞いたところ、やはり松尾先生のいうとおりでした。

そうして出版したのが『ブランディングが9割』（青春出版社）です。

出版してからは、反響が大きかったです。出版当初は毎週のように会社に問い合わせがありました。**収入面ですが、もともと、上場会社の幹部待遇でしたからある程度稼いでいましたが、その時と比べても、3倍近くになりました。**今は、クライアントとウィンウィンになれるよう仕事を精査した上で、お受けさせていただいております。

ちなみに出版してからは、コンペとなる事業には基本的には参加していません。

なぜなら、私の本を読んでくださり、乙幡さんにブランディングをお願いしたいという人と仕事がしたいと考えているからです。

▼ブランディングを考えたら出版しない理由はありません

あなた自身をブランディングをしようと思ったら、何から始めますか？

ブログ、ツイッター、Facebook、note、YouTubeへの投稿でしょうか？

確かにそれらの媒体での執筆を頑張っている人はたくさんいます。


でもブランディングのプロとしていいます。

それよりもまず、本を出版しましょう。


ブログを一生懸命頑張ってフォロワーを1万人にするのと、出版をするのとでは、出版するほうが効果的で簡単だからです。

そうはいっても、ブランディングのプロ中のプロの私でも、自分で出版して効果を体感するまでは、出版がこんなにも威力があるとは、わかりませんでした。

本音をいうと、「出版をしたらブランディングに絶大な効果がある」ということは、あんまり広めたくありません。芸能人が自分が通う本当に美味しいレストランを教えたくないのと同じです。

私のミッションは「**ブランドで日本を強くしたい**」です。では、今は何が課題か？

それは中小企業が伸び悩んでいることです。

中小企業の多くがストーリーがないために、彼らにブランドを通してストーリーをつくってあげることが重要です。

良い商品をつくっていても、知られていない会社がほとんどです。それはブランディングができていないからです。そういった会社をフォローアップして、日本を強くしていきたいのです。

厳しいことをいうかもしれませんが、とても良いものを持っていたとしても、知られていなければ、世の中に存在してないのと一緒です。

もし、あなたが個人事業主であったり中小企業の社長・役員であったりするのであれば、出版は最速のブランディングになります。

著者になることで、あなた自身を強くし、あなたの会社も強くして、日本を強くしていきましょう。

おわりに

私の両親はずっと働き者でした。

建設と清掃会社を自営する父、それを経理と事務で支える母。

小学校低学年の頃父が「今晩は久しぶりに外食だ、楽しみに待っていろ！」という言葉を私は真に受け、昼食をあまり食べずにお腹を空かせ、今か今かと1歳下の弟と父の帰りを待っていました。

しかし時間は刻々とすぎ、夜の8時を超えた頃、薄暗く狭い台所で母親が夕食の支度を始めたのです。

8時半頃に「ご飯できたから食べなさい」と声がかかり、弟は渋々と食べ始めたのですが、私は楽しみが悲しみに変わり、意固地になって「お父さんが朝、今晩は外食だといったから……」と駄々をこね続けます。
それでも9時を過ぎた頃にはお腹がすきすぎて気持ち悪くなり、涙目でご飯を食べたという記憶があります。

ちなみにこの記憶は1回限りではなく、月に2回~3回くらいあったと思います。
もちろんその頃の父は悪気があって約束を破っていたのではなく、それぞれの現場で予定通りに仕事が終わらず、家族に申し訳ないと感じながらも汗をかいていたのでしょう。今ならそれもよくわかります。

多くの人は「労働は美徳だ」と考えます。
しかしお金持ちや外資系企業で働く人の常識は少し違います。インターネット企業のGoogleでは、「長時間働いているから」というだけで「あの人は仕事を頑張っている」と評価があがるということは全くないそうです。

単純作業の一部は、すでに先進国から新興国へとアウトソーシングされています。今後はそれをAIといわれる人工知能が自動化していくことは容易に想像できるでしょう。

私が本を出版しているのは、知識集約型産業といわれるコンサルタント業から抜け出すためです。コンサルの仕事はクライアントの売上をあげることや、彼らの悩みの解決です。

しかし、実際これはレバレッジが利きにくく、稼ぎにも限界があります。

だからそのノウハウや経験を本に書き、5000人、1万人へと伝えることで読者は安価に情報が入手でき、著者側からすれば、一度の集中的な労力で多くのリターンを生む仕組みを作っているのです。

どうせ汗をかくなら、努力するなら、その場限りではなく、あとあとも収入として返ってくる「投資としての出版」を目指しましょう！

本書をお読みいただき、著者である私に少しでも興味を持たれた方がいらっしゃれば、遠慮なくご連絡ください。メールアドレスは「next@next-s.net」です。

多少お時間はかかるかもしれませんが、お返事させていただきます。

Facebookも実名の「松尾昭仁」で登録しています。「ビジネス書の著者になって、の読者です」とメッセージを添えて、友達申請をしてください。

また、東京の西新宿にあるセミナールームと、ZOOMによるオンラインで定期的に開催している「出版実現セミナー」にもぜひご参加ください。読者様は本書ご購入の特典として無料招待させていただきます（ただしおひとり様1回限り、セミナーの情報などは「ネクストサービス株式会社」のホームページでご確認ください）。

本書が出版されるまでには様々な方から応援をいただきました。まずは自由国民社の三田智朗さん、執筆協力いただいた松橋良紀さん、この本を世に送り出せたのは2人のおかげです。また、インタビューに答えてくれた出版スクール卒業生の皆様、本当にありがとうございました。

そして、今この本を手にしてくださっているあなた。本は読み手である読者がいなくては存在意義がありません。私の本を選び、お読みいただいて感謝しかありません。

では、この本があなたの人生を変える「Change」のきっかけになることを祈りつつ、筆を置かせていただきます。

2021年7月吉日

松尾昭仁

［参考文献］

『ブラック企業の営業術―クリーンにしてホワイト企業で使ったら1100人をゴボウ抜き』 小嶋康之著　こう書房

『何を話したらいいかわからない人のための雑談のルール』 松橋良紀著　中経出版

『4000万人の購買データからわかった！ 売れない時代にすぐ売る技術』 大原昌人著　サンマーク出版

『トヨタ式　おうち片づけ』 香村薫著　実務教育出版

『トヨタ式　超ラク家事』 香村薫著　実務教育出版

『トヨタ式　家事シェア』 香村薫著　主婦の友社

『お金持ちはこっそり始めている本当は教えたくない「軍用地投資」入門』 里中一人　すばる舎

『稼げる！ 新農業ビジネスの始め方』 山下弘幸著　すばる舎

『サイエンス・スピリチュアルの教科書』 小西昭生著　Clover出版

『定年を楽園にする仕事とお金の話　45歳からそなえる「幸せ老後」のキホン』 高伊茂著　ぱる出版

『ブランディングが９割』 乙幡満男著　青春出版社

■プロフィール

松尾 昭仁（まつお あきひと）

ビジネス作家　出版プロデューサー
ビジネス書・実用書著者養成講座（商業出版塾）主宰
ネクストサービス株式会社 代表取締役

士業や各種コンサルタント、起業家を商業出版やメディア露出で支援する戦略プロデューサー兼、コンサルタント。祖父は戦前、満州にて百貨店、自動車販売会社を経営。父は45年続く建設会社の創業社長という起業家の家系に育つ。大学卒業後、業界大手の総合人材サービス企業を経てコンサルタントとして独立。自身が企画し講師を務めるビジネスセミナーの参加者は延べ１万3000人超え。

著作は29冊。中国、韓国、台湾、タイでも翻訳出版されている。出版プロデュース実績は300冊越え。クライアントは医師、弁護士、税理士、政治家、会社経営者、自営業者、公務員、会社員、主婦、フリーターなど幅広い。

京都女子大学などの高等教育機関、東京商工会議所をはじめとする各種団体、リクルート社、明治安田生命、SMBCコンサルティングなどの民間企業より、講演、セミナー、研修依頼を受ける講師であり、テレビ、ラジオ、新聞、ネット媒体からの取材も多い起業家。

趣味はラン＆ラーメン。ラン（ジョギング）は月間100キロ走が目標。ラーメンは年間100杯食す。2019年12月ハワイホノルルフルマラソン（42.195㎞）完走。

著作は、『新装増補版 ひとり社長になっていきなり年収を650万円にする方法』（自由国民社)、『１万2000人を見てわかった！ お金に困らない人、困る人』（集英社)、『１万人を見てわかった 起業して食える人・食えない人』（日本実業出版社）など多数。

新装版　ビジネス書の著者になって
いきなり年収を３倍にする方法

2021年９月３日　初版第１刷発行
2024年７月４日　新装版第１刷発行

著者　松尾昭仁
ブックライター　松橋良紀

カバー　小口翔平＋神田つぐみ（tobufune）
ＤＴＰ　有限会社中央制作社

発行者　石井悟
発行所　株式会社自由国民社
〒171-0033　東京都豊島区高田３丁目10番11号
電話　03-6233-0781（代表）
https://www.jiyu.co.jp/

印刷所　新灯印刷株式会社
製本所　新風製本株式会社
編集担当　三田智朗

※本書は従前刊行していた『ビジネス書の著者になっていきなり年収を３倍にする方法』（2021年９月３日初版発行）の新装版として刊行したもので、内容は同一です。